新版 経営計画は1冊の手帳にまとめなさい

株式会社武蔵野代表取締役社長
小山昇

KADOKAWA

はじめに

経営計画書が最強の会社をつくる

中小企業の「3大悩み」を解決するツールが、経営計画書

私が社長になったとき、「株式会社武蔵野」は正真正銘の落ちこぼれ集団でした。困ったことに、社員の20%が不正をしていました。ミーティングと称してはデニーズに集って、「どうすれば不正できるか」を話し合っていた。ダスキンカーを私的に乗り回し、湘南にサーフィンをしに行く社員までいました。すべて本当の話です。

ところがいまは違います。赤字続きのダメ会社は、

「18年連続増収」

「全社売上75億（社長就任時の売上は7億円）」

「日本経営品質賞2回受賞（日本初）」

の超ホワイト企業に生まれ変わりました。

落ちこぼれ集団が、どうして変われたのか。どうして増収を実現できたのか。

その理由は、**「経営計画書」を作成・運用して、中小企業が抱える「ヒト」「モノ」「カネ」の悩みを解決してきたから**です。


【経営計画書】

方針、数字、スケジュールを1冊の手帳にまとめた武蔵野のルールブック。社員が「どう行動すればいいのか」に迷ったら、経営計画書の方針が道標《みちしるべ》となる。クレーム・クレーマーの対応の仕方に至るまで、具体的に明記されている。


いま、中小企業経営者の多くが、「ヒト」「モノ」「カネ」で悩んでいます。

●ヒトの悩み（人材育成）

……社員が言うことを聞かない。社長の思いが伝わらない

社員の意識、モチベーションが低い

優秀な人材がいない。獲得できない

●モノの悩み（売上・サービス）

……試行錯誤しているが売上は上がらない

生産性が向上しない

粗利益を上げるために何をしたらいいか分からない

●カネの悩み（資金調達・運用）

……必要なときにかぎって金融機関がお金を貸してくれない

利益は出ているのに、給与が支払えない

自分の会社のキャッシュフローを見える化したい

経営計画書には、この3つの悩みを解決するヒントが詰まっています。

経営計画書は、書いたらそのとおりになる「魔法の書」

武蔵野がサポートをしている社長（経営サポートパートナー会員）の多くは、声をそろえて、こう言います。

「経営計画書は魔法の書。なぜなら、書いたらそのとおりになるから」

書いたら、そのとおりになる。
つくると、そのとおりになる。
それが、経営計画書の力です。

第26期と第27期の武蔵野の経営計画書は、「炎のように熱く、燃えるような情熱を持って仕事をしてほしい」という思いを込めて、表紙を「紅色（赤色）」にした。

その結果、どうなったと思いますか？

びっくりするほど会社が真っ赤（赤字）になりました。それからは、表紙の色も、印刷する文字の色も、「黒」にこだわっています。

どうして、書いたらそのとおりになるのか。その理由は、おもに「4つ」あります。

①具体的な数字に落とし込んでいるから

経営計画書には、今期の経営目標（売上高、粗利益額、人件費、経費、販売促進費、減価償却費、営業利益、経常利益、労働分配率、売上成長率）と、長期事業構想書（当期から5年先までの事業計画、粗利益計画、要員計画、設備計画）を、具体的な数字で明記しています。

数字に落とし込んでいるのは、「良い予感を具体的にする」ためです。

悪い予感が良い予感よりも当たりやすいのは、悪い予感は「具体的」で、良い予感は「抽象的」だからです。

だとすれば、良い予感を具体的にしたほうがいい。**具体的とは、数字にすること**です。

「頑張って売上を上げてこい！」と言ったところで、社員は頑張れません。なぜなら、「頑張れ」は抽象的な指示です。

しかし、「売上を5万円伸ばせ」は数字に基づいた指示で、具体的な目標になります。

数字はそれだけで言葉です。

武蔵野が「残業時間削減」に本格的に取り組んだのは、2014年からです。当時の全社平均残業時間は「76時間（月間）」でした。

私は、2015年度の経営計画発表会で、「従業員の残業時間を減らし、月平均45時間未満を目指す」と目標を掲げました。私は超ワンマン経営者ですから、普通は「やる」と断言します。ですがそのときばかりは、内心、「さすがに無理だろう」と思い、「目指す」という消極的な言葉を使ったのです（「目指す」と表現したのは、社長に就任してはじめてだと思います)。

では、実際はどうだったかというと、現在、わが社の残業時間は、「月平均45時間」どころか、6月度は**「月平均12時間」**にまで減っています。

方針の内容を具体的な「数字」に落とし込むと、社長でさえ「無理だ」と思っていたことが実現する。

②「できること」しか書いていないから

経営計画書に書いた内容が実現するのは、**「いま、できていること」「ちょっと頑張れば成果が出そうなこと」しか書いていないから**です。

「良いこと」や「やりたいこと」があっても、できないことは書きません。もしできなければ、それは「やらなくてもいい」という方針になる。

そもそも人は、「自分の実力以上のこと」や、「いままで一度も経験のないこと」を具体的に考えることは苦手です。どれほど実力のある社長でも、経営計画書に「月に行く」とは、書けない。なぜなら現実とかけ離れていて、イメージできないからです。

背伸びはしない。理想を大きく掲げない。「いま、できていること」を愚直にやり続ける。その結果、会社の地力がつきます。

③時代や人材の変化に合わせて、計画を書き換えているから

多くの社長は、「敵はライバル会社である」と考えていますが、ライバル会社は、短期的な競争相手にすぎません。

会社にとって最大の敵は、「時代の変化」です。変化への対応を怠れば、時代に取り残されてしまう。

私は、内定者を対象に**「社長のカバン持ち研修」**（小山昇のあらゆる場面に同行・同席し、その仕事ぶりを肌身に感じる研修）を実施しています。

この研修で内定者からの質問を受けていますが、2018年・2019年内定者は、それ以前の内定者に比べて、質問の内容に違いがあります。彼らは、**「人の家に土足で上がる」傾向**が強い。どういうことかというと、小山昇のプライベートにまで平気で踏み込んでくるのです（もちろん、私はすべて答えています）。

日常的にスマートフォンを利用して、「知りたい情報はすぐに入手する」ことに慣れている彼らにとって、知らないままにしておくことは、ストレスになる。だから、他人の家に土足で上がることも厭《いと》わない。半面、自己開示をしたがらないのが彼らの特徴です。

従来の会社のやり方に社員を合わせようとすると、社員はついてきません。すぐに辞めてしまう。

わが社は、夏休み、年末年始休暇、ゴールデンウイークのほかに、1年に一度、「5日間の連続休暇」（2グループ〈社内の階層〉以上）を取ることができます。5連休のヒントは、新卒社員との飲み会の席にありました。彼らが、「実は土・日・月と3連休ほしいんですよね」と話しているのを聞いた私は、すぐ実施することに決めました。

私は、会社のフレームワークに新卒社員（内定者、就活生）をはめ込むのではなく、若手社員が会社を辞めないように、そして「新卒社員を採用できる」ように彼ら、彼女らのトレンドに経営計画を合わせています。**社員に合わせて方針をつくり変えている。**だから、方針が守られる。

経営計画は、時代に合わせて、お客様の都合に合わせて、社員の都合に合わせて、変えればよい。「計画は変えてはいけない」と思っていることが間違いです。

世の中のトレンドを見極めて、1日でも1分でも早く変化に対応し、「結果が出ること」「自社にできること」のみを実行する。それが武蔵野の強さの基本です。

④価値観教育を徹底しているから

わが社の社員は、全員が「小山昇と同じ価値観」で仕事をしています。社員の頭の中は、小山昇だらけ。金太郎飴《あめ》のように、どこを切っても小山昇です。同じ価値観で動くことができるのは、価値観教育を徹底しているからです。

会社の実力は、社員の学歴で決まるわけではありません。**入社後の「社員教育の量」**で決まります。新入社員の学歴がどれほど高くても、教育をしなければ、戦力にはならない。重要なのは、**「入社をしてから、どれだけ教育を受けたか」**です。

わが社には、「運転免許証を持っている」「明日から出勤できる」という理由だけで採用を決めた社員もいます。面接時間は、たったの5分です。


「運転免許証は持っている?」

「コピーして良いですか?」

「はい」

「いつから出社できる?」

「明日からでも大丈夫です」

「はい、採用」


また、かつて入社試験で「漢字の書き取り」を出題していたときは、辞書の閲覧《えつらん》を許していました。書き取り試験なのに「辞書を見てもいい」とは前代未聞ですが、それでも書き間違えるから、武蔵野の社員はレベルが高い(笑)。

そんな落ちこぼれ社員が、現在、幹部として活躍しています。

わが社には、いわゆる一流大学出身の社員はゼロ。「それなりの人材」しかいません。

それでも、武蔵野が増収を続けているのは、社員教育に力を入れて、

「社長と、社員の価値観をそろえた」

「経営計画書に書かれた方針を徹底した」

からです。

守るべきルールを明文化すれば、社員が全員「同じ方向」に動く

武蔵野の経営計画書には、社員の序列が明記されています（評価の高い順／NO．1は、小山昇）。

前期（第55期）の序列は「NO・6」で、統括本部長を務めていた市倉裕二は、今期（56期）は、「NO・7」で統括を外しています。

また、前期は「NO・14」だった本部長のO（本人の名誉のためイニシャル表記）も、今期は、「NO・209」まで大きく序列を下げています。

なぜ市倉裕二が統括を外されたのか。それは、経営計画書に書かれた「出張旅費・研修に関する規定」を守らなかったからです。

この規定では、交通費、日当、宿泊費の支払い基準が、役職ごとに細かく決められています。

社長は、「日当／2万5000円、宿泊費／3万5000円、交通費／グランクラス（上越・北陸新幹線等のプレミアムシート。グリーン車よりも上）」という規定ですが、1グループ社員は、「日当／1600円、宿泊費／7000円、交通費／普通」です。

本来、市倉とOは6グループに属しているので、「日当／4000円、宿泊費／1万1000円、交通費／普通」と決められています。それなのに彼らは、1泊3万円のホテルに泊まり、プレミアムクラス（ANAの国内線最高級クラス）で移動していたことを私に報告しなかったから彼らを更迭しました。

Oは社内不倫が発覚し1グループに降格とし、賞与は1年間支給しない。ただし、復活のルールは明示されている。

名刺の肩書きは、元本部長（更迭）です。

幹部社員が方針を守らなかった一番の原因は、彼らの上司である私にあります。私の管理が至らなかったからです。

電信柱が高いのも、郵便ポストが赤いのも、夏が暑いのも、冬が寒いのも、すべて社長である小山昇の責任です。「責任を取る」とは、「経済的に損をする」ことです。そこで私は、社長の役員報酬を減額することに決めました（年間で1000万円の減額）。

わが社の経営計画書には、賞もあれば、罰もある。結果を出せば認められ、ミスをすれば罰を受ける。次に頑張れば、また挽回できる。だから公平です。

経営計画書は、会社の「ルールブック」です。

「車両を常にピカピカにする。雨の翌日は必ず洗車する」
「クレームの報告、連絡を怠ったときは、1回で賞与を半額にし、上司・当事者がかかった費用を負担する」

「部下を早く帰らせない幹部は評価を下げる」

「上司は毎月、部下とマンツーマンで飲みに行く」

「出張の日報が2日以内に提出されなければ、日当は支払わない」

など、**守るべきルールや実行すべき方針を明文化しておけば、誰が、いつ、どこで読んでもブレることがなく、社員全員が「同じ方向に動く」ことができます。**


私は「人間心理を無視して経営をしてはいけない」と考えています。社員は、「面倒なことはやらない。都合の悪いことはやらない」のがまともです。

だとすれば、「面倒なことでも、都合の悪いことでも、やらざるを得ないルール（＝方針）」を決定し、経営計画書を作成するのが社長の務めです。

立派な会社をつくるためには「道具」が必要

おいしい料理をつくる料理人には、素晴らしい調理道具があります。お刺身は鉈《なた》でも切れますが、刺身包丁を使ったほうが、薄く、キレイに、魚の筋をつぶさないで切ることができます。料理の出来ばえは、よく切れる包丁によると言ってもいい。

私は、会社経営も道具次第で結果が変わると考えています。ところが多くの社長は、**「立派な会社をつくるための道具」**が存在することすら知りません。

会社の方針や社長の決定について、社員が共通の認識を持っている会社とそうでない会社では、その差は歴然です。まして、その方針を社員が実行している会社とそうでない会社の差は言うに及びません。

この差の一因は、共通の認識をつくり出すための「共通の道具」から生まれています。その道具は、経営計画書です。

本書が「ヒト」「モノ」「カネ」で悩む中小企業経営者の助力となれば幸いです。

株式会社武蔵野　代表取締役社長　小山昇

新版

経営計画は1冊の手帳にまとめなさい

目次

第2章 「経営計画の徹底」を決定する

第3章 「数字」を決定する

第4章 「方針」を決定する

第5章 「スケジュール」を決定する

第6章 「経営計画発表会の開催」を決定する

本文デザイン・DTP／斎藤 充（クロロス）
編集協力／藤吉 豊（株式会社文道）
図版製作／島崎哲雄デザイン事務所

第1章 「経営計画書をつくる」ことを決定する

1 経営計画を「紙に書く」ことを決定する

口約束は守られない。紙に書かなければ人は実行しない

社長が口頭で「おい、残業しないで早く帰れよ」と社員に伝えると、社員は「はい」と返事をします。

けれど、「はい」と返事をしたからといって、ルールが実行されるわけではありません。社員にとって「はい」は「聞こえました」という意味にすぎず、「実行します」という意味ではないからです。ところが、

「半期の残業時間が270時間を超えた場合は、賞与支給額を2つ下げる」

と経営計画書に明文化しておけば（もちろん、第2章で説明するように、方針を徹底するための教育は不可欠ですが……）、実行されます。

「口約束は守られない。紙に書いていなければ、人は実行しない」

これが人間心理です。

また、紙に書かないと、社長の決定が正しく社内に伝わりません。

社長↓専務↓部長↓課長↓主任↓一般社員と話が伝わっていく途中で、伝言ゲームのように少しずつ内容が変わっていきます。話し言葉は、曖昧です。曖昧ゆえに人それぞれ受け取り方が違います。

だから、紙に書く。紙に書けば、明確になります。紙に書けば、ブレません。

キリスト教は、どうしてあれほど世界的に広がったのでしょうか？　私は、こう推測します。

「キリスト教には、経営計画書があったからだ」

一般的に教会には、キリスト生誕にまつわる絵画が飾られており、飾られた絵画を順番に説明していくと「キリスト教の教え」が分かるようになっています。

つまり、飾られた絵画は、経営計画書と同じことができる。口伝えに教えるだけでなく、書き残した。だから民衆は、キリストの教えを守ったのではないでしょうか。

会社が赤字になるのは、目標を紙に書いていないから

武蔵野がサポートをしている経営サポートパートナー会員は、現在720社あり、400社が過去最高益。倒産は、ゼロ。

変化の激しいこの時代に、多くの社長が利益を最大化することができたのは、

「目標を紙に書いている」＝「経営計画書を作成している」

からです。赤字の社長の多くは、確固たる目標がありません。「利益を出したい」と頭では思っているものの、

「いくら利益を出したいのか」（数字）
「いつまでに利益を出したいのか」（期日）
「利益を出すためにに何をすればいいのか」（方針）

が決まっていません。

目標を明確化できていないのは、「紙」に書いていないからです。目標を紙に書くと、それに沿って行動するようになる。優先順位が決まるため、行動も判断も的確になります。経営は判断の連続ですが、目標のない選択を「気まぐれ」と言います。

デタラメでもいい。根拠がなくてもいいから、数字と期日を紙に書く。人は不思議なもので、たとえデタラメであっても、数字と、期日を紙に書くと、それに向かって走り

はじめます。

2 「他社の成功事例を「パクる」こと

を決定する

真似こそ、最高の創造である

私は、自称「パクリの天才」です。「『株式会社武蔵野』の正式名称は、『株式会社盗品見本市』」と冗談めかして話すくらい、他社の真似ばかりしてきました。

個性が尊重される時代にあっては、「真似すること」は「恥ずかしいこと」だと思われがちです。「独自性で勝負することが正しい」と考えられています。

でも、**自分の考えどおりにやって赤字を出すほうが、よほど恥ずかしい**。経営は、成果がすべてです。頑張って成果を出せない社長より、**「人の真似をして、人の言うとおりに実行して、成果を出す社長」のほうが優秀**です。

倒産寸前だった武蔵野が、「18年連続増収」「全社売上75億（2019年5月末時点）「日本経営品質賞2回受賞（日本初）」の優良企業に成長できたのは、**他業界の成功事例を積極的に取り入れてきたから**にほかならない。

わが社のしくみは、100％どこかの真似であり、自社で考えたものは、なにひとつありません。

私は、自分の業界ではまだ常識になっていないこと、つまり、**「業界の非常識」**に目を向けてきました。

環境整備も、サンクスカードも、社員教育のしくみも、ITのセキュリティー対策も、コールセンターのモデルも、社員を「さん付け」で呼ぶのも、経営計画書も、元をたどれば、どれもこれも、「他社・他業界の真似」からはじめています。「学ぶ」は「マネぶ」。

真似こそ最高の「創造」であり、真似こそ最高の「戦略」です。

よく「人と同じことはしたくない」とか、「自分らしさを大切にしたい」と口にする人がいます。

けれど、人の行動は、ほぼ100%、誰かの真似をしているだけです。ペンを使うのも、字を書くのも、毎日食事をするのも、夜になったら寝るのも、朝起きたら歯を磨くのも、靴を履くのも、携帯電話を使うのも、すべて誰かの真似です。

人の真似をして生きてきたのに「人の真似をしたくない」と言う人を何と呼ぶか知っていますか？　「嘘つき」と呼びます。

できる人、分かる人に聞いて、素直に、そのとおりに真似ができる社長は伸びます。ところが、人に聞いたり、真似できない社長は、自分を変えることができません。だから、会社の業績も変わらない。

私はこれまで、著書やセミナーなどで、「中小企業は真似することが正しい」「真似こそ最高の創造であり、真似こそ最高の戦略である」と述べてきました。

すると、

「そうは言うけど、ダスキンの代理店をしている武蔵野さんと、製造業の当社では仕事の内容が違う。だから真似できない」

「私と小山社長では事情が違うから、真似できない」

「会社の規模も売上も違うから、真似できない」

という意見をいただきました。

しかし、製造業も、小売業も、飲食業も、サービス業も、どの業種でも、お客様に商品やサービスを提供して、粗利益額を得ていることに変わりありません。

社員の給料も、会社の経費も、粗利益額から出ている。変わるとしたら、それはたったひとつ。扱う商品（サービス）だけです。

どの業種・業界であっても、収益構造や会社のしくみには大きな違いはありません。

だとしたら、他業種の成功事例を取り入れるのが黒字化の近道です。

熱心な社長ほど独自のやり方にこだわりますが、独自のやり方の結果として会社を赤字にしたのであれば、今までと違うやり方、今までと違う考え方で経営計画を立てなければなりません。

独自性にこだわり、なにもないところから手探りではじめるよりも、「うまくいっていること」を真似したほうが、業績は早く上がります。

経営計画は、他社の真似をして、とりあえずつくる

多くの会社が、0から1を生み出そうとします。ですが、経験や実績が不足しているために、結局は「1」を生み出すことはできません。だとしたら、すでにできあがっている「1」を真似るほうが近道です。

人間は、やさしいことから段階的に学んでいくのが正しい。知識も経験もないのに、0から1を生み出そうと考えてはいけません。

小学1年生の子どもを大学に入学させる親はいないでしょう。小学1年生が覚えなければいけないのは、解析学や微分積分ではなく、ひらがなや足し算。つまり、「真似すること」を覚える。

「あいうえお」は、「あいうえお」と覚えればいいのであって、「なぜ『あ』は『あ』と書くのか」と質問する子どもはいません。

「あ」を「あ」と書く理由は分からなくても、先生に教えられたとおり五十音を覚え、真似をして、使いこなせるようになります。

大切なのは、**「意味が分からなくても、一生困らない」「真似をするのに、理屈はいらない」**ことです。

「経営計画書」をつくるときも同じです。

私は、実践経営塾（武蔵野が主催するセミナー）に参加される社長に対し、「わが社の36期（20年前）の経営計画書を見て、自社で使えるところがあれば、そのままコピーしてください」と話しています。

まず真似から入る。「一番やさしいところ」と「自分にもできそうなところ」を真似てみるのが正しい。

そして辻褄《つじつま》が合わなくなってきたら、その時点で変更すればいい。**真似も3年続ければ、自社のオリジナルになります。**

3 「いますぐつくる」ことを決定する

会社の将来は、「決定」で決まる

「石橋を叩《たた》いて渡る慎重な人」と、「見切り発車で、とりあえずはじめてしまう人」では、どちらが社長にふさわしいと思いますか？

私は、後者だと思います。なぜなら、後者は気が短い分、**「決定が早い」**からです。

会社の将来は、「やり方」で決まるのではありません。「決定」で決まります。**会社が倒産するのは「倒産してもかまわない」と社長が決定したから**です。

かつて武蔵野では、あるセミナーのセールスで大きな赤字を計上したことがありました。7000万円の広告費を使ったにもかかわらず、新規のお客様は「たったの2社」しか増えなかった。

そこで私はどうしたかというと、**「成績を上げる」と決定**しました。

「どうすれば利益が出るのか」を検証したり、正しいやり方を考えたりすることは後回し。それより先に、「成績を上げる」と決定した。その結果、お客様を増やすことができ、毎年増収を続けています。

「正しく決定する」のは間違い。「早く決定する」のが正しい

ところがほとんどの社長は、決定できません。なぜできないのでしょう？　それは「正しく決めよう」とするからです。

「正しい決定」をしようとすると、どうしても時間がかかってしまいます。そして、経営のスピードが失われてしまえば、マーケット（お客様とライバル）の変化についていくことができない。だから、**「とりあえず計画をつくって、マーケットの反応を見る」こ**

とが先決です。

仮に正しい決定を下すことができても、その決定は、あくまで、社長（会社）にとって正しい（絶対評価）だけであって、お客様にとって正しい（相対評価）とはかぎりません。

そもそも、**正しさとはお客様が決めるもの**です。社長が正しいと信じていても、お客様に受け入れられなければ、その決定は、間違いです。

決定で大切なのは、正しく決定することよりも「早く決定する」ことです。見切り発車で実行しても、お客様に受け入れられたら続行。受け入れられなかったら、ただちに修正し、新たな決定をする。

もし、新たな決定が受け入れられなければ、再び修正し、三たび新たな決定をすればいい。

「経営計画書」は見切り発車でつくる

「経営計画書は、いつ、つくったらよいですか？」とよく聞かれますが、その質問の答えは、**「いま」**です。いま10月で、決算が3月でも、4カ月分の計画をつくります。

つくると決めたら、とりあえずつくる。いますぐつくる。準備が整わなくても、テキトーでもいいから、見切り発車が経営計画書の正しいつくり方です。悩んでも悩まなくても、結果は変わらないことが多い。**決定の正しさは、悩んだ時間とは無関係**です。だとすれば、**早く決定**したほうがいい。

正しさにこだわり、決定が遅くなっているのがダメな社長に見られる傾向です。

長野県にある株式会社新生の久保田輝男社長（当時／現・故人）は、私が主宰するセミナーの生徒であり、私の親友でもありました。

久保田さんは、一《いち》倉《くら》定《さだむ》先生（経営コンサルタント）のセミナーに5年間も通い続けていたのに、経営計画書をつくることができませんでした。「完璧な経営計画書をつくりたい」と考えていたからです。

勉強すればするほど、「あの会社のあの方針もいい。この会社のこの方針もいい」と目移りしてしまい、中身を決めかねていました。

そこで私は、事前に経営計画書の「表紙」だけを印刷し、請求書を持参して久保田さんのもとを訪れました。そして、「私は明日帰るから、それまでに中身を完成させてください」と久保田さんを追い込んだのです。

表紙だけ先に見せられた久保田さんは、動揺しながら、それでも腹を決め、経営計画書をつくりはじめました。その結果、5年かかってもつくれなかった経営計画書がわずか3時間で完成したのです。

久保田さんは、わが社の経営計画書を見て、自社に不要な方針を削っただけです。でも、それが正解。**真似でもいい。「つくろう」と決めたら「いますぐつくる」のが、正しい。経営計画書をつくると決めることこそ、社長の最初の決定です。**

経営計画は見切り発車で作成する

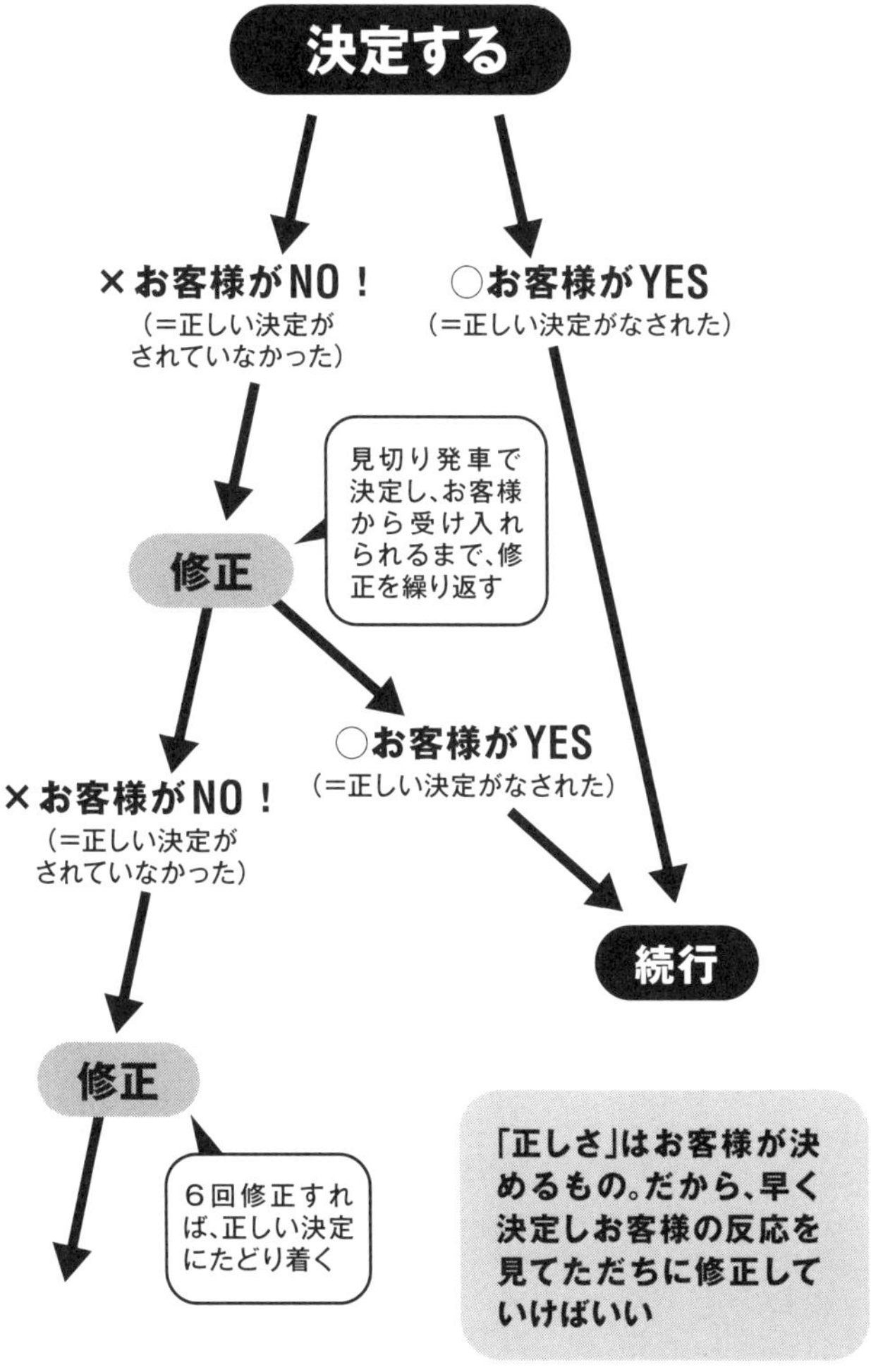

4 「手帳サイズにする」ことを決定する

「経営計画書」は、立派な会社をつくるための道具である

武蔵野の経営計画書は、「社長の教祖」の異名を持つ一倉定先生の経営計画書を参考にしています。35年ほど前、私は先生の真似をして、豪華な経営計画書をつくりました。サイズはＡ４。表紙に厚紙を用いた重厚な経営計画書です。卒業アルバムのような立派な経営計画書をつくったことに、私はすっかり満足していました。

ところが……、これが重たい。とても重たい。重たいから、社員はもちろん、社長の私ですら持ち歩かない。いつも机の引き出しにしまいっぱなし。私は、多くの社長がそ

うであるように、「立派な経営計画書をつくること」が目的になっていたのです。

立派な会社をつくるためには、方針や数字を明文化した道具が必要です。その道具は、経営計画書にほかなりません。道具は、使われて価値があります。どんなに優れた道具でも、いつも手にするところになければ、宝の持ち腐れです。

そこで私は、A4サイズから、**常に持ち歩ける「手帳サイズ（B6変型サイズ）」に変更**しました。

手帳型の経営計画書を一倉定先生に見せたところ、「おまえは経営計画書を冒瀆《ぼうとく》する気か！」と烈火の如く叱り飛ばされました。私は、「すみません！　すぐにつくり直します！」と頭を下げましたが、つくり直しをしませんでした。

一倉定先生はたしかに唯一無二の存在であり、私も師と仰いでいます。ですが、先生は社長として経営の実務に携わった経験がありません。

一倉先生に教えられたとおりに経営計画書を作成した（守）。そして、何年も活用した

（破）。道具は、使いやすくなければ価値がないので、手帳型に変えた（離）。

現役社長の私が求めていたのは、重厚でなくても、立派な装丁でなくてもいいから、**携帯性に優れ、「すぐに使える」**ことです。経営計画書は、社員が「どう行動すればいいか」迷ったときの道標です。ですから、**社員全員が携帯できなくては意味がない**です。

山口県にある吉南運輸株式会社の井本浩二会長も、一倉定先生の指導を受け、百科事典のように立派な経営計画書をつくっていました。けれど、「つくったら、それで終わり」「社長と幹部が見たら、それで終わり」であり、道具になっていなかった。経営計画書の見栄えが良いからといって、会社の業績まで良くなるとはかぎりません。

そこで井本会長は、武蔵野にならって経営計画書を手帳サイズに変更し、社員一人ひとりに配付した。

「立派な経営計画書から一転して、薄くてペラペラな経営計画書になったけれど、そのほうが実行しやすいと私は思います。まだまだ速度は遅いですが、半年、1年と経過す

る中で、少しずつ、一歩ずつ方針が浸透し、社員の意識が変わってきました」（井本浩二会長）

全国に営業所を置く吉南運輸グループでは、全社員が「時間と場所を共有する」ことがむずかしい。運転手は、週に1度しか本社に顔を出せないこともある。だから、経営計画書による方針の共有が大切だと、井本会長は気がついたと言います。

5 「社長の姿勢を書く」ことを決定する

社長は、社員に対して「無理を承知で」お願いする

経営計画書は、社長の姿勢を示すものです。社員の姿勢を書いてはいけません。

社長として「こうする」「ああする」と書くべきであって、社員に「ああしろ」「こうしろ」と書いてはいけません。また、「こうしたい」「ああしたい」という社長の願望でもありません。

会社の中で責任を取れるのは、社長しかいません。だから、経営計画書には、社長の決意と責任の所在を記す必要があります。

社員にとって無理難題と思える方針を実行してもらうために、社員に協力を求めるのが正しい。

わが社の経営計画書に、「経営計画発表にあたって」と題した一文を掲載しています。経営計画書の中で、私がもっとも時間をかけて作成している項目です。

この文の最後に、

「無理を承知で、皆さんに協力をお願いします」

と書いたのは、「社員に無理強いする」ためではありません。**「私は、無理を承知で頑張る」という「社長の姿勢」**を表しています。

わが社の社員が結婚し、子どもが産まれます。子どもは、ずっと赤ん坊のままでいるわけはなく、育っていきます。子どもが育つと、生活費が増えます。生活費は増えているのに給料が増えなければ、生活は苦しくなります。

社員の生活をラクにするには、給料を上げていく必要がある。でも、会社の売上がいまと同じでは、給料を上げることはできない。

今年が１００で、来年が１００で、再来年も１００で、３年間ずっと売上は１００のままなのに、給料は１００、１０５、１１０と上がっていくことは不可能です。

つまり、「無理を承知で」とは、社員の家族、家庭を幸せにするために、**「無理を承知で私は頑張る」「社員の給料を上げるために私は頑張る」という「社長自身の覚悟」**です。

卑怯な社長とは、会社を倒産させる社長のことです。武蔵野の社員が、結婚をし、子どもを育て、家を購入するのは、「武蔵野は倒産しない」と信じているからです。

わが社は社内結婚が75組いますが、社内結婚するのは、「小山昇に自分の人生をあずけてもいい」と思っているからであり、小山昇に対する信任にほかなりません。

したがって私は、何が何でも、会社を倒産させるわけにはいかない。卑怯な人間になるわけにはいかない。

だから、「無理を承知で頑張る」のです。

「経営計画書」には、社長の実印を押す

「会社の中で責任を取れる人は、社長しかいない」ことを明らかにするため、私は、「経営計画発表にあたって」の最後に、実印を押しています。

官僚が汚職を働くと、責任を取って辞職するケースがあります。でも、辞めるだけでは、責任を取ったことにはなりません。辞めるのは、逃げることであり、責任を取るとは、「経済的に損をする」ことです。

会社の中で、利益責任を取れるのは、社長ひとり。ですから私は、「会社が窮地に追い込まれると、個人の財産をつぎ込んで弁済します」という責任の証しとして、実印を押しています。

経営計画書には、社長の姿勢を示す

「経営計画発表にあたって」（抜粋）

目標に向かい。
未来に向かい。

新たなチャレンジで、
未来に投資。
歴史から学び、
歴史と共に成長する。

この経営計画書は家族の期待と責任を一身に背負っている社員が、安定した生活を築くため、昨年の過ちを正し、お客様に愛され支持される会社を実現するために、数字による目標と方針を明確にし、何をしなければならないか、又、何をしてはいけないかを、全身全霊、精魂を込めて書き上げたものです。

ここに書かれた目標、方針は幹部が参加して、作成したものですが、最後の利益責任は社長一人にあります。

社長が先頭に立って、汗を掻いて働きます。無理を承知で、皆さんに協力をお願いいたします。

株式会社武蔵野の第56期経営計画書より

経営計画書には、社長の実印を押す

経営計画発表にあたって

目標に向かい。
未来に向かい。

新たなチャレンジで、
未来に投資。
歴史から学び、
歴史と共に成長する。

この経営計画書は家族の期待と責任を一身に背負っている社員が、安定した生活を築くため、昨年の過ちを正し、お客様に愛され支持される会社を実現するために、数字による目標と方針を明確にし、何をしなければならないか、又、何をしてはいけないかを、全身全霊、精魂を込めて書き上げたものです。

ここに書かれた目標、方針は幹部が参加して、作成したものですが、最後の利益責任は社長一人にあります。

社長の勤めは、「決定」と「チェック」です。

夢のある事業計画を作成し、社員が、力を合わせて成果が得られれば、皆さんのお手柄です。

したがって、実行する主役である社員一人一人に実施責任を持っていただきます。

朝、起きて仕事の出来ることに感謝し、家族・同僚との絆を大切にし、同じ時代に生きる縁の不思議さと喜びを共有して、多くのお客様や関係する方々が応援して下さる会社にします。社長が先頭に立って、汗を掻いて働きます。無理を承知で、皆さんに協力をお願いいたします。

2019年5月7日

代表取締役社長　小山昇

全社員に配布する
「経営計画書」の
一つひとつに
社長の実印を押す

↓

会社で責任を取れる人物は、社長しかいない。
「会社が窮地に追い込まれたときは、
社長個人の財産をつぎ込んで弁済します」
という責任の証を示す。

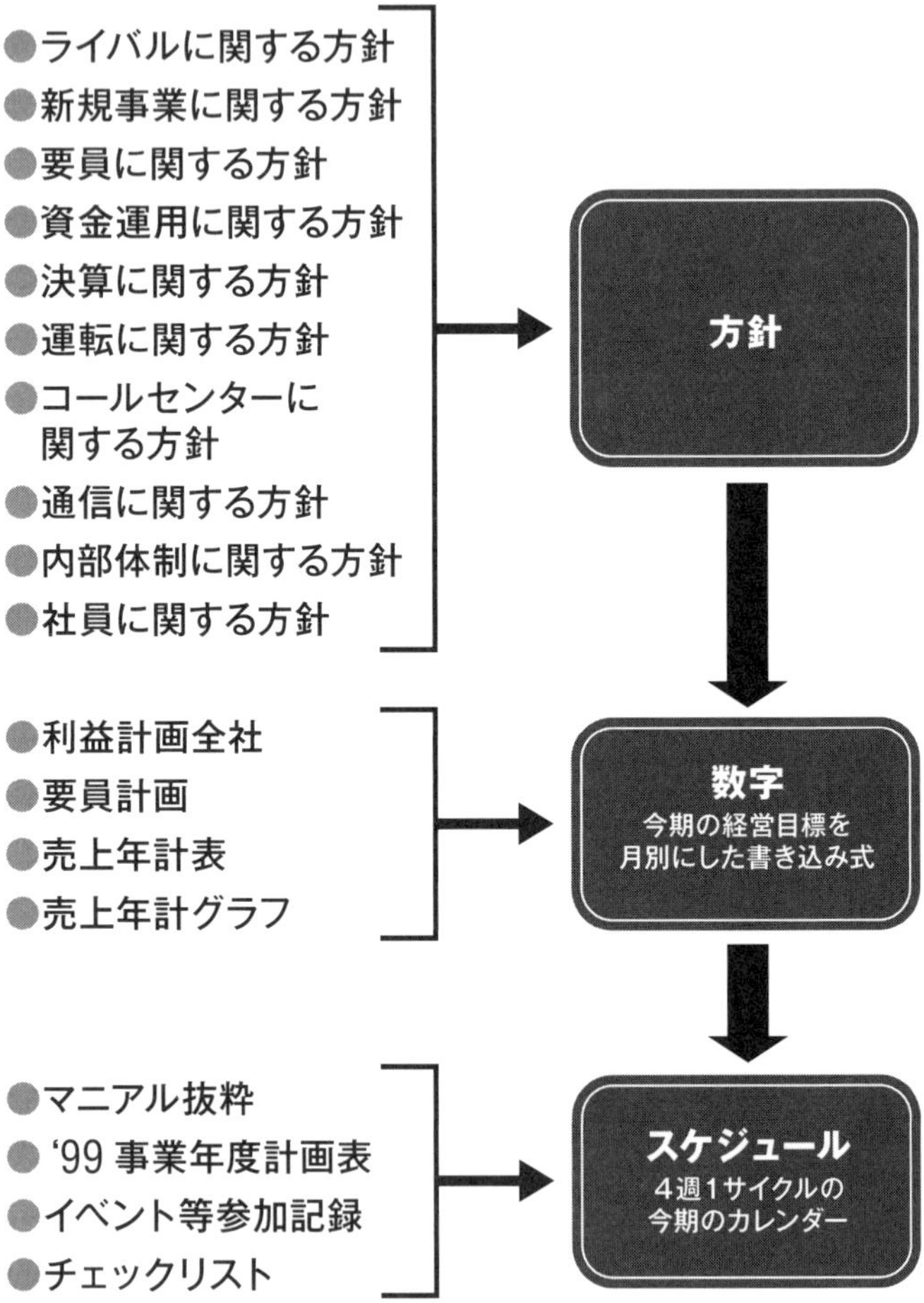
●ライバルに関する方針
●新規事業に関する方針
●要員に関する方針
●資金運用に関する方針
●決算に関する方針
●運転に関する方針
●コールセンターに関する方針
●通信に関する方針
●内部体制に関する方針
●社員に関する方針
方針
●利益計画全社
●要員計画
●売上年計表
●売上年計グラフ
数字
今期の経営目標を月別にした書き込み式
●マニアル抜粋
●'99 事業年度計画表
●イベント等参加記録
●チェックリスト
スケジュール
4週1サイクルの今期のカレンダー

経営計画書の構成例

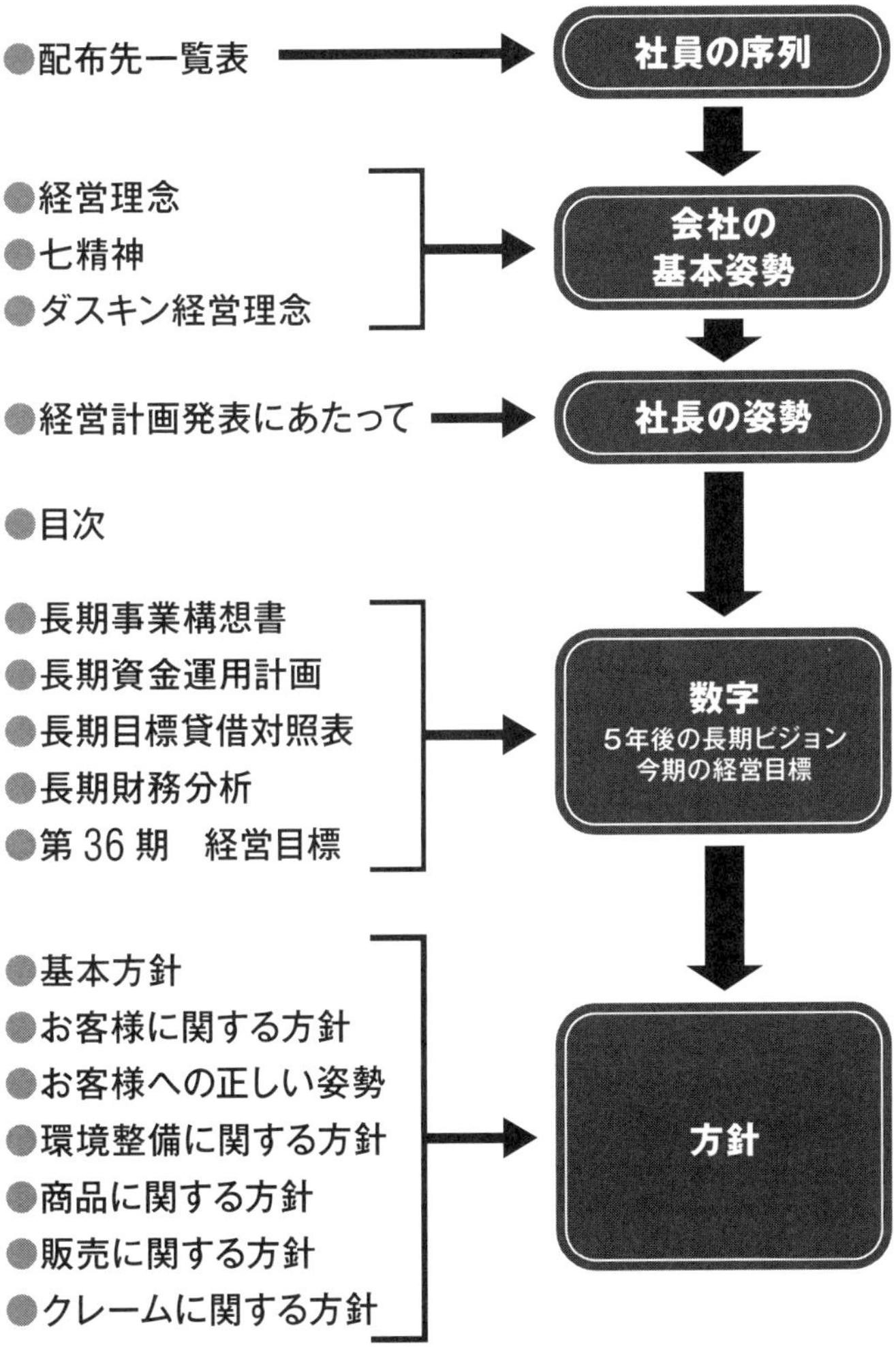
●配布先一覧表
社員の序列
●経営理念
●七精神
●ダスキン経営理念
会社の
基本姿勢
●経営計画発表にあたって
社長の姿勢
●目次
●長期事業構想書
●長期資金運用計画
●長期目標貸借対照表
●長期財務分析
●第 36 期　経営目標
数字
5年後の長期ビジョン
今期の経営目標
●基本方針
●お客様に関する方針
●お客様への正しい姿勢
●環境整備に関する方針
●商品に関する方針
●販売に関する方針
●クレームに関する方針
方針

まとめ

経営計画書は、立派な会社をつくるための「道具」である。

経営計画書をつくるときは「真似」からはじめる。
真似も3年続ければ、オリジナルになる。

経営計画書は、「正しくつくる」より「早くつくる」ほうが大事。

経営計画書は、常に持ち歩ける「手帳サイズ」にする。

経営計画書には「社長の姿勢」を書く。

経営計画書には、「社長の実印」を押す。

第2章

「経営計画の徹底」を決定する

1 「勉強会の開催」を決定する

勉強を強制され、実施する過程で「意味」に気づく

武蔵野の経営計画書は、いつでも携帯できるようにと、**「手帳サイズ」**にしています。ですがわが社の社員は、携帯しているのと、方針を実行するのとは違います。それどころか、読みもしません。

社員が経営計画書を使わなければ、方針は徹底されない。社長が「立派な会社をつくるための道具」をつくっても、宝の持ち腐れです。

そこで私は、**「経営計画書を道具として使う」＝「方針を徹底・実行する」ためのさま**

ざまな社員教育を施しています（社員教育費は、年間1億円以上）。

サービス業は、人の成長なくして会社の成長はありえません。とはいえ、武蔵野の社員が、自発的に勉強することはありえない。勉強は大嫌い。そこで私は、強制的に学ばせています。

小学校と中学校には、誰もが必ず行かなければなりません。なぜなら、「それが義務」だから。義務教育とは、強制です。

「強制しないものに教育という言葉を使ってはいけない」が、私の考え方です。強制しないものは、「自己啓発」といいます。ですから、わが社における教育の概念は、「全員に強制させること」が基本です。

はじめから自発的にはなれません。勉強を強制され、実施する過程で勉強する意味に気づき、そこでようやく自主性が身につきます。

「自主的に勉強はしない」のに、わが社の社員の勉強量は、同規模の中小企業と比べると、ダントツです。武蔵野のような中小企業が生き残るには、たとえ嫌々でも、社員に勉強し続けてもらうしかない。そのために私は、社員の鼻先に「ニンジン」をぶら下げています。ようするに、勉強をした社員には「お駄賃」をあげています。

何の見返りも与えずに強制だけすると、社員は逃げます。そこで、勉強会への出席回数をポイント制にし、取得ポイントを「評価に反映」しています。評価が上がれば、それだけたくさん賞与をもらえるしくみです。

昨年まで早朝勉強会に出席する社員は少なかった。現在は研修残業を払っています。東京都の最低賃金は1000円に近いです。残業は1・25倍で1250円です。早朝勉強会はハンコ一つで500円なので、合計1750円になります。

参加人数が増えて机を全部外して椅子だけで、多い時は100人を超えます。中には悪い社員がいて「研修残業を増やしてください」と言う社員もいます。

人数が多くなり勉強会のコメントは、出席者全体を2組に分け、ジャンケンして勝った方に決めさせるが、勝った方はコメントをしない方を選びます。その組はコメントがないのでぼーっと聞いてるだけです。質問してもめんどくさいから「分かりません」と答えます。それでも毛穴から入るからまぁいいかと根負けせず続けています。

方針を徹底・実行するための「教育」を実施する

教育名	対象者	目標
早朝勉強会	全社員	半期ライブ15回 (5年以上) 20回 (5年未満)
経営計画発表会 (ビデオ勉強会含む)	全社員	全社員の参加
政策勉強会	全従業員	全従業員の参加
全社員勉強会	全社員	感想文提出
バスウォッチング	全従業員	全従業員の参加
ガイダンス	全従業員	方針理解度テスト 100点になるまで
社長との インターンシップ	課長職	課長職 全員の実施
環境整備 点検同行	課長職以上 点検同行	年間1回以上

2「政策勉強会の開催」を決定する

社員を緊張させて、気持ちの変化をうながす

年度の方針は**経営計画発表会**（後述）で発表しますが、経営計画発表会に出席できるのは、課長職以上と、半期にA評価を得た優秀な社員のみ。選ばれた社員にしか私の声が伝わらない。

全従業員が時と場所を共にしなければ、同じ価値観を共有できません。そこで、半期に1回（年2回開催）、アルバイトやパートを含めた全従業員に方針を発表する場を設けています。それが**「政策勉強会」**です。

2部構成のこの勉強会の前半は、成績優秀者表彰など、各種表彰が行われます。優秀チーム賞、優秀事業部賞、環境整備表彰、部門別成績優秀者、永年勤続、縁の下の力持ち、サンクスカード表彰など、表彰の内容・対象はさまざまですが、この場で名前を呼ばれると、それが従業員の励みになります。

後半は、方針や会社の目指すべき方向性などを、私が具体的にかみ砕いて説明します。経営計画発表会に出席した社員にとっては、「同じような話を2度聞く」ことになりますが、2度聞くことによって、「聞き逃したこと」に気がつくようになります。

また、経営計画発表会には参加しなかった一般社員、アルバイト・パートには、「経営計画発表会ビデオ」を強制的に見せて、全従業員が方針を2回聞くしくみとしています。

経営計画発表会の席順は、経営計画書に記載されている「配付先一覧」の序列順ですが、政策勉強会の席順は、誕生日別だったり、地域別だったり、血液型別だったり、動物占い別だったり、そのときによってバラバラです。

どうして、バラバラにしているのかといえば、社員を緊張させるため。「隣に座る人が代われば、気持ちが引き締まる」からです。

政策勉強会には、総勢593人が出席しますが、勉強会の開始3分前には593人全員が着席しています。会場の外で、いつまでもたむろしている社員はいません。これほど一体感のある勉強会は、「世界中を見渡しても、武蔵野だけ」と思えるほど壮観です。

政策勉強会への参加は、強制です。ですがなかには、出席できない社員もいます。出席できなければ勉強しなくて済むのかというと、済むわけがありません。

政策勉強会はビデオ撮影しており、後日、「欠席者勉強会」を開いて、収録したビデオを見せて学ばせるしくみです。

欠席者勉強会は、土曜日に行います。しかも、「上司同席」です。もし皆さんが上司なら、休日に部下と、「欠席者勉強会」に出席したいと思いますか? 思いませんよね。

武蔵野の幹部も、もちろん出たがりません。するとどうなるかといえば、上司は部下に対して、「スケジュールが変更できるなら、政策勉強会に参加しよう」と話しかけるようになる。こうして、上司と部下のコミュニケーションが深まります。

勉強会を強制し、方針を徹底する

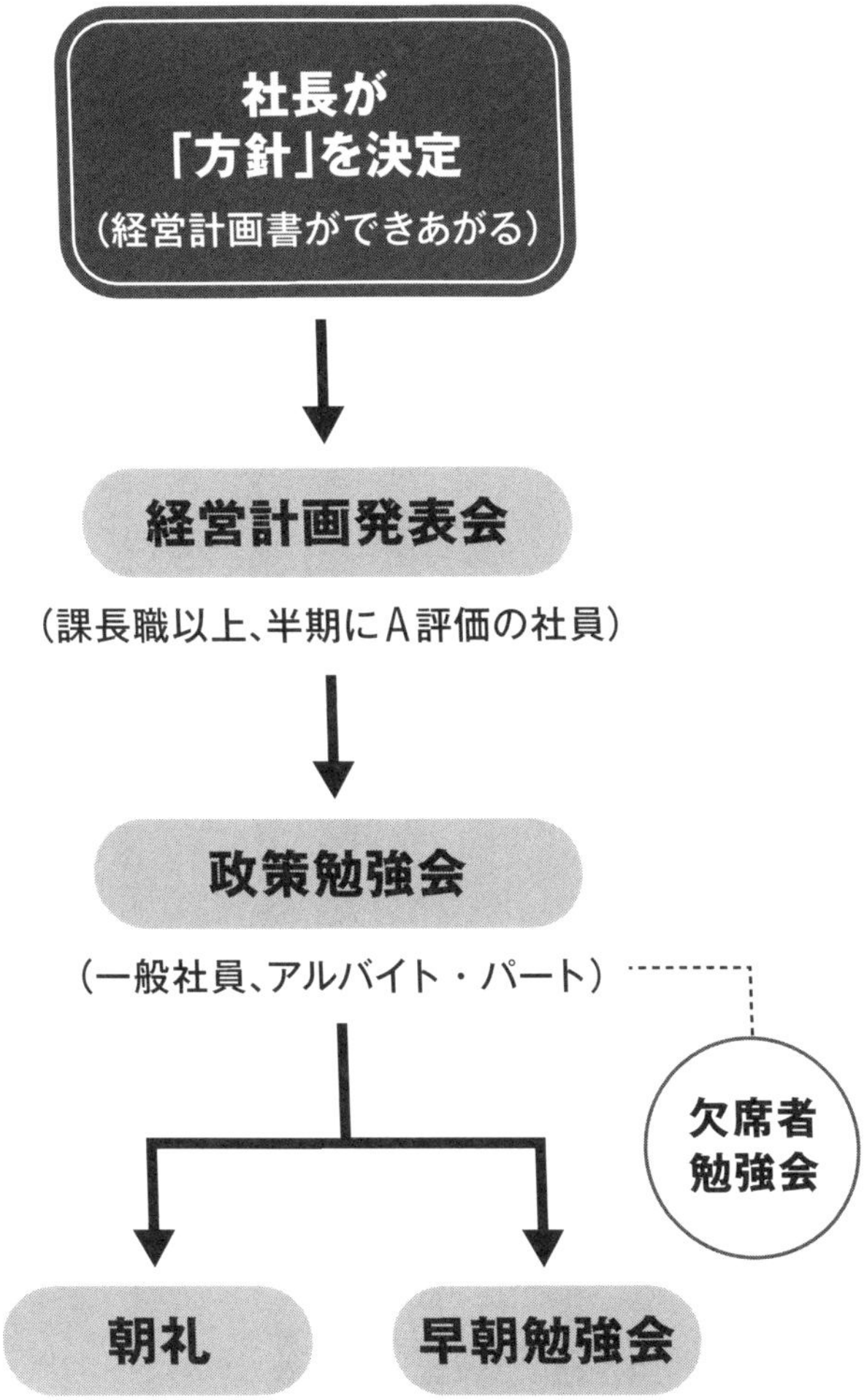

期中の方針変更は「政策勉強会」で通達する

企業活動は、「現実の変化」「市場の変化」にいち早く対応していかなければいけません。したがって、期中に方針を大きく変更することがあります。

方針変更は、11月に行われる下期の政策勉強会で発表します。幹部社員にのみ方針変更を伝えても、全従業員には伝わりません。「こんどの方針は、こうなったよ」と部下に伝える殊勝な幹部はわが社にはほとんどいません。ですから、全従業員が集まる政策勉強会で発表しています。

3 「朝礼・早朝勉強会の開催」を決定する

「朝礼」では、強制的に方針を読ませる

政策勉強会で、武蔵野の方針が全従業員に伝わります。ところが、伝わった気になったただけで、何も変化は起きません。

では、どうするか？ **「朝礼」で経営計画書の方針を強制的に読ませています。**しかも読む項目を決めておかないと、社員は「短いところ」ばかり読むので、「今日は、どこを読むか」をあらかじめ決めています。

経営計画書の事業年度計画（年間スケジュールのこと。後述）には方針の欄があり、

「販売」なら「販売に関する方針」を、「ライバル」なら、「ライバルに関する方針」を読みなさいと指示してあります。

「運転に関する方針」など、長々と書いてあるところはなかなか読みたがりませんから、「運転A」「運転B」と2つに分割して読みやすくしています。

「早朝勉強会」の参加は「お金」で釣るのが正しい

では、朝礼で方針を読めば従業員の行動が変わるか。残念ながら、変わりません。そこで経営計画書と拙著『【改訂3版】仕事ができる人の心得』（CCCメディアハウス）をテキストにして、**「早朝勉強会」**を実施しています（これまで1371回以上実施）。講師は私が務め、ビデオ映像を含めると6735回行っています。

研修残業を導入し、社員教育の量を増やす

武蔵野は18年連続増収のホワイト企業です。「ホワイト企業になったこと」が、わが社の最大の欠点です。

２０１４年から残業時間削減に取り組んでいます。当時の全社平均残業時間は76時間（月間）でしたが、現在は、「12時間」に減っています。

残業時間が減り、それでいて増収なのに、どうして欠点なのか。それは、「企業体質が弱くなる」からです。

スポーツにたとえると、分かりやすい。1カ月に76時間練習するチームと、12時間しか練習しないチームが戦った場合、どちらが強いと思いますか？

「76時間練習するチーム」です。

優秀な選手だけを集めたチームであれば、12時間しか練習をしなくても、勝てるかもしれない。けれど武蔵野のように、それなりの人材しか集まらない場合は、練習量を多くするしか強豪相手に勝つことはできません。

とはいえ、労働時間を増やすことはできないため、社員の質を上げるために、**「研修残業」**を設けています。**「時間外に教育を受けた社員にはお金を払う」というしくみ**です。

早朝勉強会も研修残業のひとつです。勉強時間は、毎朝、朝7時30分〜8時30分までの1時間。基本的に「参加は自由」ですが、参加した回数を人事評価に連動させています。

「半期に20回出席」しないと、「方針共有点」（価値観を共有するための勉強会にどれだけ参加したか）が下がり、賞与が減ります。

また、1回参加すると、「500円のスタンプがもらえる」上に、2018年からは、研修残業代を支給しています（最低賃金×1・25、それにスタンプを加えると、約1750円）。

すると社員は、「賞与が下がるのは嫌」「500円の報奨スタンプを押してほしい」とお金に釣られて、嫌々ながら仕方なく勉強をします。

かつて、早朝勉強会は机が用意されていました。ところが今は、机がありません。研修残業を認めて以降、「お金がほしい」という不純な動機の参加者が増え、机があると、入りきらない。

それどころか、「小山さん、もっとたくさん早朝勉強会を開催してください」と言いはじめた社員もいます。「もっとたくさん出席したい」は、「もっとたくさんお金がほしい」と同義です（笑）。

早朝勉強会には、内定者も参加しています。参加した内定者にも、賃金と交通費を支給しています。

「早朝勉強会」は「教える時間」と「育てる時間」に分けて行う

前半の45分は、小山昇による「方針の解説」（7時30分～8時15分）です。この時間は「教える時間」であり、できるだけ**「社内で実際に起きた実例（失敗例）」を題材**にしています。

アメリカやヨーロッパの例を出し、「ザ・リッツ・カールトンホテルでは、こんなにすばらしい接客をしている」といっても、わが社の社員は、ピンとこない。

けれど、取締役の「佐藤義昭は、入社時は文句しか言ってなかった。いくら『仕事は真似だ』といったって、そんなことは真似しちゃいけないよ」と笑い話を交えれば、リアリティーが増します。社員にとって「上司の失敗は蜜の味」です。

後半の15分は、「育てる時間」と位置づけています。

人の話を聞いただけで理解できるほど、武蔵野の社員は賢くありません。ですから、「説明した用語と方針」について、ひとりずつコメントを発表してもらいます。

すると、わが社の社員は、みんな「嘘」をつきます。

「とても勉強になりました。今後の業務に活《い》かしたいと思います」と、心にもないことを言い出す。

でも、「はじめは嘘でもいい」と私は思います。

嘘やホラばかりついていれば、そのうちつく「嘘」も「ホラ」もなくなり、やらざるをえなくなります。

建前でもいい。実行しないことを言ってもいい。嘘をつき、いつまでも実行しないでいると、人間はやがて「まずいな」と思うようになります。

教育は、「教える時間」と「育てる時間」に分ける

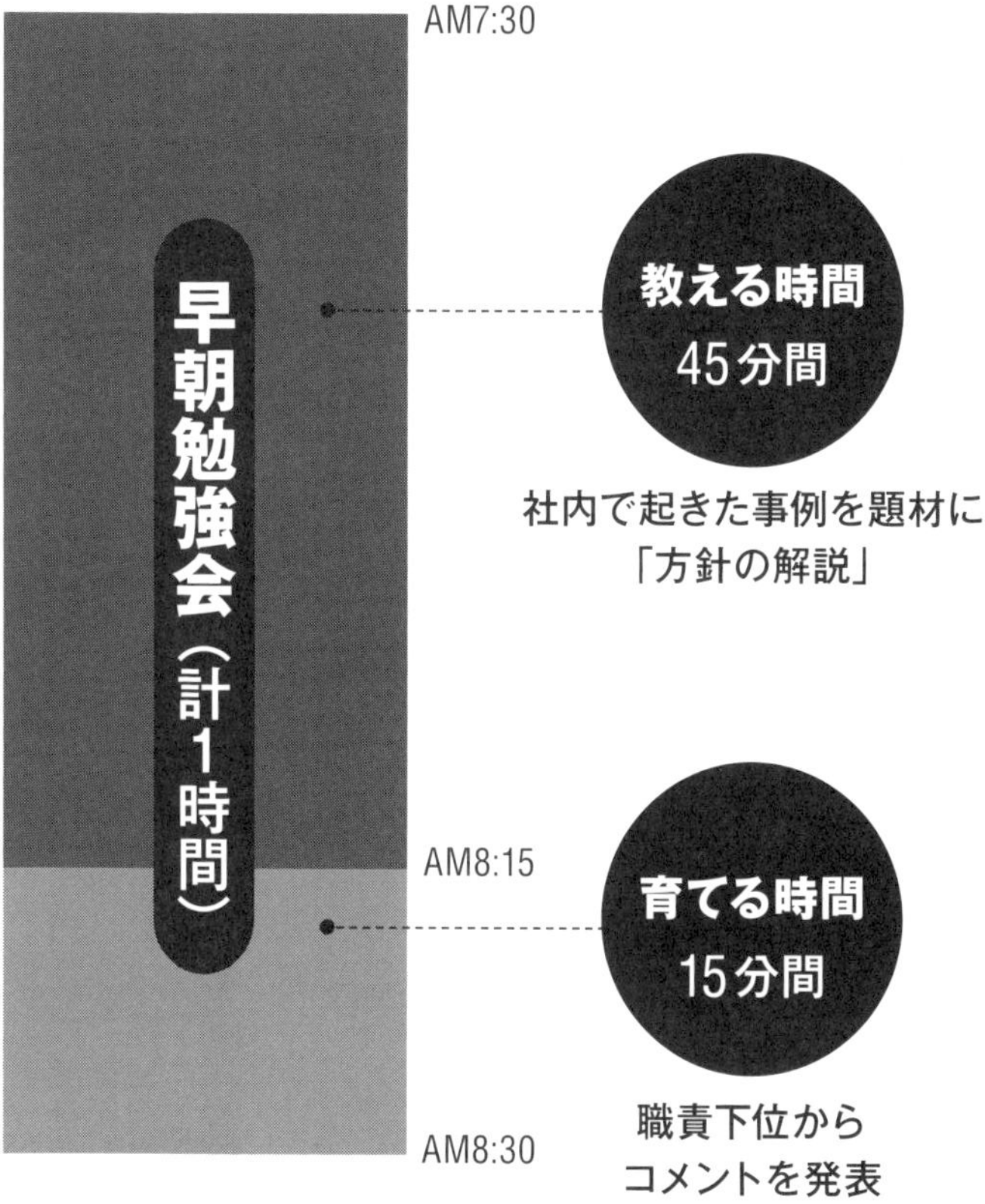

教育は、「教える時間」と「育てる時間」の
両方を強制することが大切

「教育」は「強制すること」と述べましたが、**「教える」と「育てる」の両方を強制することが大切**です。

多くの会社は、「教える」だけで「育てる」がない。「育てる」がなければ、人の成長はありえません。

コメントは、職責上位からではなく、職責下位の社員から発表します。自分より職責の低い社員が、「方針を実行して、成果が得られた」と発表したならば、職責上位の社員は「これではいけない」と気がつきます。気づいて行動が変われば、育ちはじめる。結果的に「実行する社員」になります。

現在は、「お金ほしさ」に早朝勉強会への参加者が増えたため、勉強会の冒頭に社員を2つのグループ（会場の右側と左側）に分け、グループの代表者同士がジャンケンをして、勝ったグループは「コメントなし」というルールです。

ジャンケンに負けた側は、あとでコメントを求められるので真面目に私の話を聞きます。一方、ジャンケンに勝った側には居眠りする社員もいますが（笑）、居眠りしようが、不純な動機で参加しようが、私は責めたりはしません。「勉強させる場があること」、そして、「参加すること」に意味がある。

数をこなして勉強会に参加すれば、いつの間にか、会社の文化を理解するようになり、価値観がそろいます。

用語解説は「経営計画書」の続編である

新しく加わる方針がある一方で、経営計画書から外した方針もあります。すると武蔵野の社員は、「あの方針は、経営計画書から外されたから、もうやらなくていいんだ」と思い込む。そこで私は、経営計画書の続編ともいうべき「用語解説」をつくりました。この用語解説を編さんし直したものが、拙著『【改訂3版】仕事ができる人の心得』（CCCメディアハウス）です。

この本には経営計画書の「方針」だけでなく、お酒を飲んでいるときに社員が口にした言葉や、「おもしろいたとえ話」なども収録。社員が興味を持てる内容になっています。

「経営計画書」から外した「方針」は、「用語解説」にまとめておく

用語解説の一例

社員にとって興味深い
「おもしろいたとえ話」も収録している

※書籍『【改訂3版】仕事ができる人の心得』
（小山昇 著、CCC メディアハウス）より抜粋

休日

↓

時間とお金と体力を消耗する日です

金欠病

↓

仕事をして、ジーッとしていれば治る

男のロマン

↓

仕事、女、バクチ以外に
情熱を向けられる人のことを言う

母親

↓

本音と建前を使い分ける天才です

4 「穴抜きテストの実施」を決定する

記入し終えたら、他人の答案用紙と交換させる

朝礼や早朝勉強会で学んだ方針が「本当に理解されているか」を測るために、**「穴抜きテスト」**を実施することがあります。

答案用紙には、方針が記されており、文言の一部が空欄になっています。社員は、空欄を埋めなければならない。「空欄に入るべき言葉」を記入し、答え合わせをします。

テストを終えたら、答案用紙を隣どうし、あるいは前と後ろで交換させます。そのあ

とで社員を起立させ、順番に答えさせていく。ということは、「交換した人の答案用紙」を見て答えることになります。正解したら座ることができますが、間違えたら、再び問題に答えなければいけません。

なぜ、答案用紙を交換させるのか。たとえ答えが間違っていても、自分が間違えたわけではないので、立たされても恥ずかしくないからです。

こうして問題を解いていくうちに、立っている人も、座っている人も、どんどん頭に入っていきます。方針が毛穴から吸い込まれていくわけです。

新しい方針や長期事業構想書など、取り上げる問題によっては、100点満点で、20点程度（社員の平均点）しか取れないことがあります。しかも、役員を含めて、です。

ところがもう一度同じ問題を出せば、「85点以下」の社員がゼロになる。この穴抜きテストも、「育てる時間」の一環です。

「穴抜きテスト」で「方針」の理解度を確認

「クレームに関する方針」

1. 発生

(1) クレームの発生の責任は［　　　］にある。本来はすべて［　　　］が、受けるべきであるが、［　　　］一人で受けきれないので、［　　　］に代わって誠意を持って対処する。

(2) お客様の目の前で、その［　　　］だけを役員にボイスメールで報告する。［　　　］が大切です。

(3) クレーム発生の責任は一切追及しない。ただし、［　　　］時は、賞与の評価を一つ下げる。

(4) クレームの電話を［　　　］にしない。

●空欄になっている部分に答えを記入
●答え合わせをするときは、答案用紙を交換する

5 「バスウォッチングの実施」を決定する

社長が「頑張れ」といったところで社員は変わらない

武蔵野は、2階にいる人は3階に上がってきません。一般社員は、早朝勉強会で1階には来るけれど、2階、3階には上がりません。自分に関係ないことには興味がない。これがまともな社員です。

そこでわが社では、毎年大型バスを借りて**「バスウォッチング」**を実施しています（年14回）。社員、アルバイト・パートを5組に分け、全営業所を視察。すべての従業員が武蔵野の実情を知ることにより、価値観が共有される。

バスウォッチングが終わると、その日のうちに、「気がついたこと」を「50個」書かせ、メールまたはファクスで提出するように強制しています。

「50個」書かせると、「50個気づく感性」が養われます。また、50個の中からひとつだけ選んで、実行宣言を行わせます。

社員は気づきを得ると、「あぁ、このままではいけない」と奮起するようになる。社長や幹部がいくら口で「頑張れ」と言ったところで効果はありません。

現在は全員がiPadを持っているから、参加者の20%は1時間以内、遅い人が3時間以内と成長した。

6 「経営計画書を使わざるを得ないしくみ」を決定する

社員が使わざるを得ないしくみをつくる

株式会社MOTOMURA（埼玉県）には、カレンダーが貼られていません。社内にカレンダーが貼られていなければ、スケジュールが立てられない。休みがいつか、分からない。社員は経営計画書を見るしかありません。だから、常に持ち歩くようになります。これもひとつの工夫です。

経営計画書を印刷しただけでは道具になりません。**社員が使わざるを得ないさまざまな工夫が必要**です。

●配付先一覧表の「社員番号」がボイスメールアドレスになる

「経営計画書」の配付先一覧表には、社員名のほかに「社員番号」が明記されています。この社員番号の先に「6340（ムサシノ）」を入力すると、ボイスメール（eメールと留守番電話の機能を複合したツール）のアドレスになります。

●右ページを「白紙」にしておけば、メモ代わりになる

以前の経営計画書は、基本的に左ページに方針、右ページは「白紙」にしていました（現在は、方針の数が多くなってきたため、白紙にはしていません）。

白紙にしておけば、社員は勉強会のたびに「気づいたこと」を書き込めます。

では、ノートではダメなのか。ダメです。ノートには、検索するしくみがありません。

では、どうして右ページなのか。多くの社員が、右利きだからです。

社長もまた、気づいたことを白紙のページに書き込んでおきます。新しい方針を思いついたら、まず白紙のページに書き込んでおく。書き込んだ内容を1年後に読み返して

みて、その時点でまだ「これは、やりたい」「これは、やらなければ」という思いが強ければ、実行していい。

武蔵野の「クレーマーに関する方針」も、はじめは白紙ページに書き込んでいただけですが、時間が経《た》っても私の熱が冷めることはありませんでした。だから、新しい方針となった。

社長は、思いつきで行動しないほうがいい。思いつきで行動を起こすと、多くの場合、失敗します。

滋賀県の株式会社ＰＣＣの竹村亜貴広社長は、実態に合わなくなってきた方針や「こうしたほうが、社員は理解できるのではないか」という部分を付箋紙に書き込み、経営計画書の白紙ページに貼っています。

期中に方針を変更する場合は、付箋紙のコピーをとって、社員に渡し「明日からこの紙に切り替えるので、各自、経営計画書に貼り付けてくれ」と言えば、すぐに方針を変更できます。

気づいたことは書き込んでおく

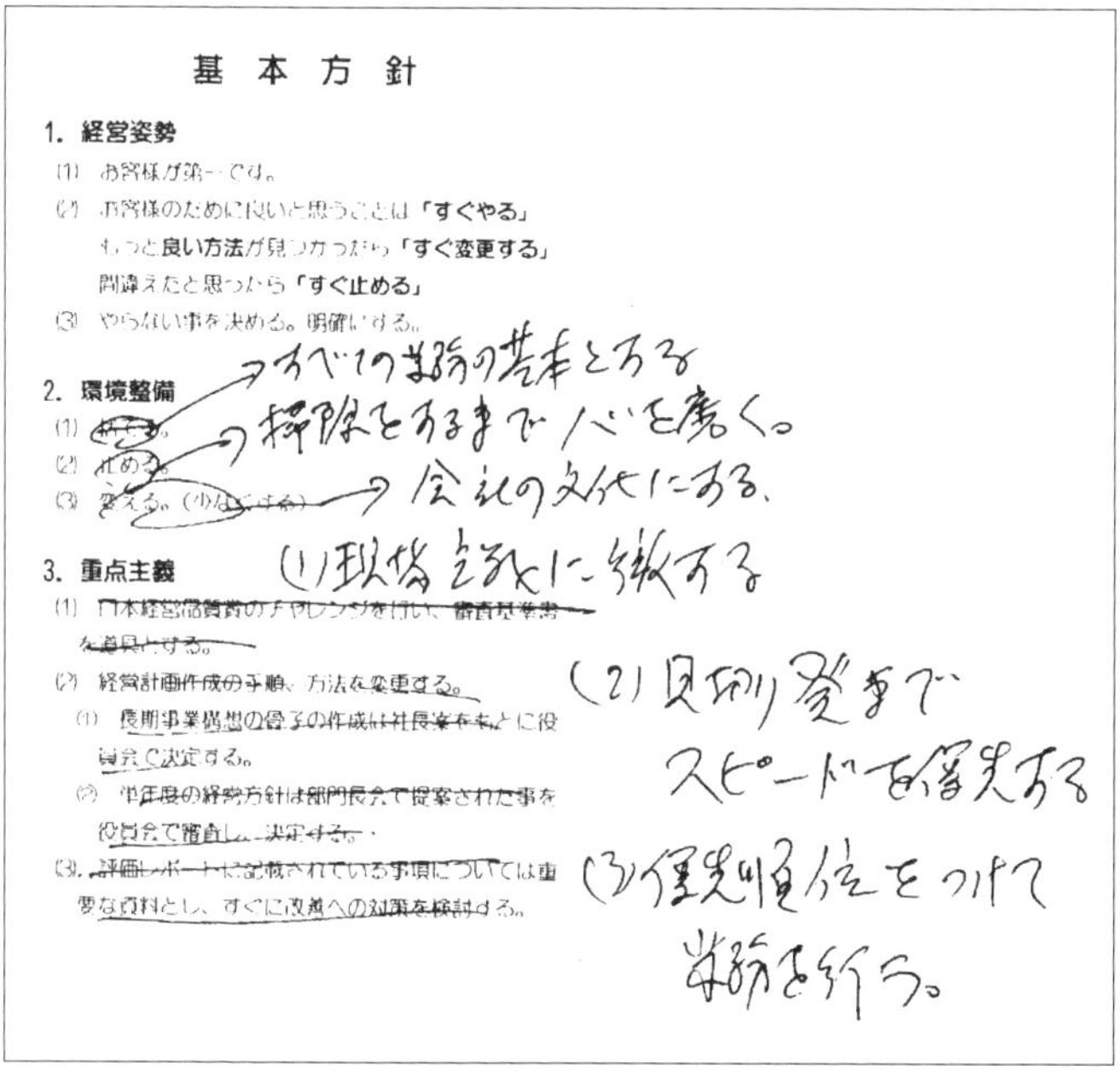

基本方針

1. 経営姿勢
(1) お客様が第一です。
(2) お客様のために良いと思うことは「すぐやる」
もっと良い方法が見つかったら「すぐ変更する」
間違えたと思ったら「すぐ止める」
(3) やらない事を決める。明確にする。

2. 環境整備
(1) 捨てる。
(2) 止める。
(3) 変える。(少なくする)
→すべての業務の基本とする
→掃除をするまで心を磨く。
→会社の文化にする。

3. 重点主義
(1)現場主義に徹する
(1) 日本経営品質賞のチャレンジを行い、審査基準書を道具とする。
(2) 経営計画作成の手順、方法を変更する。
(1) 長期事業構想の骨子の作成は社長案をもとに役員会で決定する。
(2) 中年度の経営方針は部門長会で提案された事を役員会で審査し、決定する。
(3) 評価レポートに記載されている事項については重要な資料とし、すぐに改善への対策を検討する。
(2)見切り発車でスピードを優先する
(3)優先順位をつけて業務を行う。

思いつきで行動しないために、気づいたことは書き込んでおき、時間がたってから読み返すと、変更すべきか否かが冷静に判断できる。

●前期の「経営計画書」は回収する

第56期の経営計画書を配付するにあたって、第55期の経営計画書は回収します。「持っていたい」という社員もいますが、許しません。

人間の潜在意識には、「古いこと」が刷り込まれています。そして、古いことをいったん捨てさせないと、新しいことを吸収できません。古いことをそのままにしておくと、新しく変わろうとせずに、ラクなほう、すでに分かっているほうを選びたがります。

本を買うと、マーカーでアンダーラインを引く人がいます。大切なところに印をつけておき、あとで、もう一度読み返しますが、このやり方は、あまりおすすめできません。もう一度読み返すくらいなら「同じ本を新しく買ったほうがいい」と私は思います。そして、新しい本にもう一度アンダーラインを引き、前の本と新しい本を比べてみる。そうすれば、「自分の変化」に気がつけます。

では、どうやって回収すればいいのでしょうか？　絶対に回収できる方法があります。

それは、「返却した社員に、3000円差し上げる」という方法です。この方法なら、3000円ほしさに、社員は必ず返却します。

動機は不純かもしれませんが、大いに結構。人間心理を無視して経営してはいけない。

ということは、動機は不純でもいい、お金で釣ってもいい、ということです。

まとめ

社員は自発的に勉強することはありえない。教育とは「強制」すること。

全社員対象の「政策勉強会」を実施。時と場所を共にして、価値観を共有する。

「朝礼」では、経営計画書の方針を「強制的」に読ませる。

「早朝勉強会」は「教える時間」と「育てる時間」の2部構成にする。

「経営計画書」から外された「方針」は「用語解説」にまとめる。

「穴抜きテスト」や「バスウォッチング」を実施し、感性を養う。

第3章 「数字」を決定する

市場活動のモノサシ
社長の考えとお客様の考えが一致すると売上高が高くなる

収益のモノサシ
売上高の大きい会社よりも、粗利益額が大きい会社のほうが会社としての実力が高い

粗利益額の50%より少ないことが適正
給与、福利厚生費、教育費などを合計した金額。もっとも固定的な数字

攻めの経費 = 新しいお客様を増加させる
守りの経費 = 現在の収益を確保する
ここを減らすと企業競争に敗れる

1年後、投資金額だけ粗利益額が増加していればいい
地域を限定して使うと効果的

社長が考える「これだけほしい」という額
社長の決定しだいで、黒字にも赤字にもなる

株式会社武蔵野の第36期経営計画書の場合

経営計画を作成するときに決定する「数字」

第○期　経営目標

1. 売上高 ……………………………○億○百万円
2. 粗利益額 ……………………○億○千○百万円
3. 人件費 ………………………○億○千○百万円
4. 経費 …………………………○億○千○百万円
5. 販売促進費 …………………○億○百万円
6. 減価償却費 ……………………○千百万円
7. 営業利益 ……………………………○億円
8. 経常利益 ……………………○億○千万円

1 「数字で示すこと」を決定する

数字は、それだけで言葉である

最近は仕事が忙しくて品行方正です。65歳で夜の街を卒業しました。私はかつて、歌舞伎町に足しげく通い、独身時代には、「歌舞伎町の夜の帝王」というあだ名がつくほど、高級クラブやキャバクラに精通していました。

年に数回は飲み過ぎてしまい、翌朝、二日酔いに苦しみながら、「お酒のない国に行きたい」と思ったこともあります（笑）。

パチンコも競馬も麻雀《マージャン》も、大好きです。世間一般の価値観から見れば、少なくとも、立派な人格者、聖人君子ではないことはたしかです。

けれど銀行は、そんな私を高く評価してくださり、無担保でお金を貸してくれます（最大23億円）。

銀行が私にお金を貸してくれるのは、私が**「数字という言葉を使って話す」**からです。銀行は、社長の人生哲学や経営理念以上に数字を評価します。**数字はそれだけで言葉**であり、銀行にとって、**数字が社長の人格**です。

私はこれまで2000社ほどサポートをしてきましたが、自社の状況を「数字で示せる社長」は、ほとんどもいませんでした。

売上も、社員に支払う給与も、かかった経費も、分からない。多くの社長が「知っているつもり」になっているだけです。

ではなぜ、自社の計画を数字で示す必要があるのでしょうか。

それは、数字に落とし込まないと、自社の状況が把握できないからです。
ですから、経営計画書には、「現在はこれくらいの売上で、これくらいの利益が出ていて、5年後はこうなる」という「会社の現状」と「会社の行き先」を具体的な数字で表現することが大切です。

「数字」が決まれば、「方針」が決まる

経営計画書で大切なのは、数字です。**経営計画書の作成は、「目標の数字を決めること」からスタート**します。

現在の売上が100で、来期の利益目標が100なら、「方針続行」。
利益目標150なら、「人員・設備の増強」。
50なら、「人員・設備の半減」。
0なら「撤退」。

はじめに社長が数字を決定しなければ、方針は決まりません。

「どうしても1点ほしいからバントをする」のか、「2点ほしいから長打を狙う」のか、数字(スコア)によって監督の方針が変わるのと同じです。

手段から目標を考えるのではなく、**目標から手段を逆算するのが経営**です。

「どの商品で稼ぐか」を決める

数字が決まったら、こんどは「どの商品(事業)で稼ぐか」を考える。

その商品を誰に売るのかというと、「お客様です」。ということは**「お客様に関する方針」**が決まります(武蔵野の経営計画書には、お客様との基本的な接し方をルール化した「お客様への正しい姿勢」とダスキン事業、経営サポート事業それぞれの具体的な仕事の考え方をまとめた「お客様に関する方針」があります)。

「数字」が決まれば「方針」が決まる

経営目標の「数字」が決まる

↓ 数字をブレークダウンすれば、具体的に見えてくる

どの商品（事業）で稼ぐかを考える

↓ どの商品に力を入れるか

「お客様に関する方針」が決まる

↓ 誰に売るのか

「商品に関する方針」が決まる

↓ 商品の数を増やそう

「販売に関する方針」が決まる

↓ 販売する人を増やそう

「要員に関する方針」が決まる

↓ 商品を売る相手（お客様）とどう向き合うか

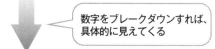

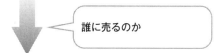

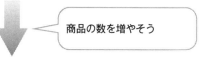

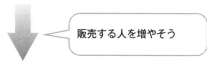

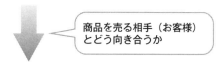

お客様に対して、「前年に5000万円売ったこの商品を、今年は8000万円売る」ことになれば、「商品に関する方針」が決まります。

そして、8000万円売るために「商品の数を増やす」のであれば、それにともなって**「販売に関する方針」**が決まり、販売するための**「要員に関する方針」**が決まります。

最初に数字を決め、どの商品（事業）で稼ぐかが分かれば、自動的に方針が決まります。最初に数字ありきです。

2

「達成できない目標」を決定する

経営は、「率」ではなく「額」で考える

私は、31年間社長を務めていますが、目標を達成したのは（達成率が100%を超えたのは）、社長に就任して18年目、第43期がはじめてでした。社員が頑張った結果ですから、とても嬉《うれ》しいことだと思います。

けれど私は、手放しで喜ぶことができませんでした。目標を達成できたのは、意図的ではなかったにせよ、結果的に**「立てた計画が甘かった」**からであり、社員の実力を私が見誤っていたからです。

目標を達成したいなら、最初から低く設定すればいい。そう考えると、**「経営は、達成率で考えてはいけない」**ことに気がつきます。

目標を「102」に設定して、達成率100％なら、実績は「102」。

一方、目標を「200」に設定し、達成率が60％であっても、実績は「120」になります。こちらの方が「額」は大きい。

売上も、仕入も、経費も、会社はすべて「額」で経営しているから、**目標は、「率」ではなく「額」で考えるのが正しい。**達成率より、実績・実質重視です。

どれほど達成率が高くても、粗利益が経費を上回らなければ、会社は存続できません。

粗利益率、労働分配率、成長率、達成率など、会社にはさまざまな「率」がありますが、「率」はあくまでも「額」を確保するために活用すべきです。

目標と実績の「差額」を知ることが「対策」である

経営計画をつくったら、「途中で計画は変えてはいけない」「計画どおりに続行するのが正しい」と考えている社長がいます。この考えは、間違いです。

経営計画は、時代やお客様の都合に合わせて、「どんどん、つくり変える」のが正しい。

計画（利益目標などの数字）を立て、その目標に向かって行動を起こすと、「実績」が出ます。そして、計画と実績を比べて、「なぜ、計画（利益目標）よりも実績が少ないのか（あるいは多いのか）」、差が生じた理由を読み取ることができれば、次に打つ手が分かります。

「対策」は、この差を見つけることです。

差が生まれた要因を評価・査定し、差を見て対策を考える。そして、新しい計画を立て、もう一度、実行する。私はこれを繰り返してきました。

目標は、社長の決意を数字にしたもので可能性を示したものではありません。たとえば、「梨を100、りんごを50売る」計画を立てます。ところが実際は、「りんご」は「80」売れて、「梨は30」しか売れない。

梨　　目標100－30＝70（70売れ残った）
りんご　目標50－80＝－30（30多く売れた）

計画を重視するならば、梨の売上を伸ばさなければいけません。けれど、梨が売れなかったのは「お客様がほしがっていない」からです。そして、りんごが売れたのは、「お客様がほしがっているから」です。

ということは、りんごをさらに売れるように販促し、梨はなりゆきにすることが対策です。計画は、「社長の考え」と「お客様の価値観」の違いを読み取るためにつくるものであり、**目標と実績は広げていくのが大切**です。

3 「まずは経常利益の目標」を決定する

経営は常に「逆算」で考える

物事は、「逆算」したほうがうまくいきます。大学に入るには、試験日から逆算する。そうすれば、いつから、どのように勉強をはじめればいいか決まります。結婚も同じです。はじめに結婚式の日程が決まれば、席次を決める日や、案内状を出す日が決まります。

経営も逆算が基本。「過去計算」ではなく、「未来計算」で考える。

最初に結果（来期の利益目標）を決め、結果を得るための実現手段を逆算して決めていきます。すなわち、「経常利益はいくら、そのためには経費はいくらで、売上はいくらか」を逆算していくのが経営計画です。

経営計画の数字を作成する際、多くの社長が売上を先に決めます。最初に来期の売上を決め、最後に経常利益の数字を出す。

私は違います。**「経常利益」を一番先に決定**します。最初に経常利益を決め、その後「損益計算書（P／L）」を順番にさかのぼっていけば、最後に必要な売上が決まります。

今期の総売上の対前年比5％増、10％増と売上を設定し、それにもとづいて仕入はいくらで、粗利益はいくらで、給与は、経費はと計算していくと、利益がなかなか出せません。

経常利益の数字に、根拠はいらない

では、どのようにして経常利益の数字を決めたらいいのでしょうか。**数字は、テキトーに決めればいい。数字は早く決めるのが正しい**のであって、根拠や妥当性は二の次で良いです。

武蔵野の実践経営塾に参加する社長の中には「経常利益をいくらに設定していいか分からない。具体的な額が浮かばない」と質問してくる方がいます。

そんなとき私は、「だったら、ゼロにしましょう」と答えます。

すると社長は「ゼロでは困ります。せめて2000万円は」と慌てて数字を決めます。ほとんどの経営者は、細かな数字を把握していないだけで、大まかな数字を持っている。

赤字の会社であれば、経常利益はゼロでもいい。

ゼロは損益分岐点。赤字が2000万円の会社であれば、「ゼロ＝2000万円の純利益」と同じことです。根拠も、正当性もなくていい。**社長が「いくらほしい」と決めれば、それが目標額**になります。

今期の経常利益の10％増でも、50％増でも、倍増でも、「これだけの経常利益を出す」と決めればいい。

スタートする前から、正しさを求める必要はありません。とりあえず「数字」を決めて、不都合が生じてから修正すればいいだけです。

4 「人件費・粗利益額・経費等」を決定する

逆算は「経常利益」から。「売上」は最後

「経常利益」の数字が決まったら、損益計算書（P／L）を見ながら「下から上へ逆算」していきます。順に逆算していくと、利益計画の詳細が自動的に決まります。

逆算①「経常利益」を決める

「経常利益」は、「これだけほしい」という金額をテキトーに決めます。今期の経常利益の10％増でも、50％増でも、倍増でも、「これだけの経常利益を出す」と決めればいい。

逆算②「営業外費用」を計算する

借入金×金利＝営業外費用

借入金の利息として支払う費用です。

逆算③「営業外収益」を計算する

定期預金×金利＝営業外収益

家賃収入などがあれば加算します。

逆算④「営業利益」を計算する

経常利益＋営業外費用－営業外収益＝営業利益

※経常利益＝営業利益＋営業外収益－営業外費用

「経常利益」「営業外費用」「営業外収益」の数字が分かると、「営業利益」の額が出せます。「儲け」＝「営業利益」です。「粗利益額」は「売上から原価を引いたもの」ですから、それだけでは「儲け」になりません。

逆算⑤「減価償却費」を計算する

有形固定資産×15％＝減価償却費

業種によって多少異なりますが、私のセミナーに参加した95％の会社の減価償却費が「有形固定資産の15％」程度でした。有形固定資産とは、建物、車両、建築物、機械装置、実体のある資産のこと。

逆算⑥「販売促進費」を計算する

逆算⑦「経費」を計算する

粗利益額－人件費－販売促進費－減価償却費－営業利益＝経費

経常利益を達成するために「これ以上は使えない金額」を計算。「教育研修費にいくらかけるか」といった戦略も、この数字によって決まります。経費は、この計算から算出された額しか使えない。

「経費」は、新しいお客様を増加させる「攻めの経費」（新規事業、新規出店、お客様開拓のための販売促進費）と、現在の収益を確保するための「守りの経費」に分けて考える。万が一赤字が出ても、「攻めの経費」までの赤字であれば、縮小することによって既存事業を守ることができるからです。

逆算⑧「人件費」を計算する

平均給与×人数＝人件費

100％に近い確率で達成できる、会社で一番大きな経費です。

逆算⑨「粗利益額」を計算する

人件費÷労働分配率（％）×100＝粗利額益

「粗利益額」が分かれば、会社が生き残るために「いくら稼ぐべきか」が明確になります。どんなに売上を増やしても、粗利益額が固定費を下回れば、会社は赤字になります。

経営計画の数字は、逆算で決める

項目	目標	計算額	
売上	300	⑪	粗利益額 ÷ 粗利益率(%)×100
仕入	150	⑩	売上－粗利益額
粗利益額	150	⑨	人件費 ÷ 労働分配率(%)×100
人件費	100	⑧	平均給与 × 人数
経費	40	⑦	⑨－⑧－⑤－④
販売促進費		⑥	
減価償却費	3	⑤	有形固定資産の 15%
営業利益	7	④	①＋②－③
営業外収益	1	③	定期預金 × 金利
営業外費用	2	②	借入金 × 金利
経常利益	6	①	社長が決定する

上の表の「計算額」の①から順番に、
②、③、④……⑪と決めていく

会社の実力を示すのは、「売上」ではなく、「粗利益額」です。

一般的に、労働分配率は、小売業では40～50％、全産業でも40～60％といわれています。

逆算⑩「仕入」を計算する

売上－粗利益額＝仕入（原価）

逆算⑪「売上」を計算する

粗利益額÷粗利益率（％）×１００＝売上

売上は、逆算した結果として最後に導き出される。売上は、マーケットにおける会社の地位を示す数字です。

5 「どの商品で稼ぐか」を決定する

「ライバルのシェアを奪う」のが正しい戦略

利益計画の詳細が決定したら、次に粗利益額をどの商品、どの事業で稼ぐかを検討し、具体的な事業戦略を決めていきます。このとき、「お客様単価を上げる戦略」はとらない。経営は、数の論理です。お客様の数を増やすのが原則であり、基本的に**「お客様単価は上がらない」**と考える。

お客様には、予算があります。3人家族の人に、「10人分買ってもらう」のはむずかしい。したがって、**「ライバル会社のお客様を奪い取る」**のが正しい販売戦略です。

お客様は、かぎられた家計の中で支払いをしているから、新しい商品をひとつ買うと、それまで買っていた商品を買わなくなる。これがお客様の心理です。

「本を1冊も読まない人」に「本を読んでもらう」という戦略も考えられるが、「本を1冊も読まない人」にとって、本はそもそも「必要のないもの」です。だとすれば、ライバルのシェアを奪うのが最良の戦略となります。

「弱者の法則」で数を増やす

現在の武蔵野があるのは、事業領域が狭く、深いからです。**中小企業は、「狭く、深く」のほうが利益は出やすく、人も育ちやすい。**自社が提供しているサービスのうち、お客様の需要がもっとも高いものを見極め、経営資源を集中させる。そのほかの業務やサービスは縮小するか外注、あるいは潔く切り捨てたほうが業績は上がります。

会社の利益はシェアに正比例するので、**中小企業は、自社と同じサイズの「小さなマ**

ーケットで大きなシェアを取る」のが正しい。

シェアを広げる（お客様の数を増やす）には、**「ランチェスターの法則」**の第一法則「弱者の戦略」に則《のっと》ります。

ランチェスター戦略では、

（1）単品ビジネスなら「2位に3倍の差」
（2）2社間競争（一騎打ち）なら「2位に3倍の差」
（3）複数の製品カテゴリーを扱うなら「2位に約1・7倍の差」
（4）3社以上の競争なら「2位に約1・7倍の差」

をつけることができれば、優位に立てる。したがって、ライバルに勝つためには、2位との差が十分に開くまで、戦力を増強し続けなければなりません。

そのためには、大きな商圏に出るのではなく、

「小さな市場で大きなシェアを築く」

「ターゲット（どの商品を、誰に売るのか）を決めて重点化する」

といった戦略が必要です。

多くの社長は、自社のお客様が、「どの地域に集中しているのか」（自社のシェア）を知りません。ためしに顧客名簿を参考にして、「お客様がどの地域から来ているのか」、地図上に印をつけて確認してください。

「町内全体から来ていると思っていたら、じつは、一部の地域に集中していた」といった気づきがあると思います。

商品構成を変えるだけで、粗利益額が増えることがある

あなたの会社が、共に「売価１２０円」の商品Aと商品Bを扱っています。

商品A……仕入40円、粗利益80円（粗利益率66％）
商品B……仕入80円、粗利益40円（粗利益率33％）

現在、商品Aを10個、商品Bを20個売っていると、

商品Aの売上……120円×10個＝1200円（仕入は400円　粗利益額は800円）
商品Bの売上……120円×20個＝2400円（仕入は1600円　粗利益額は800円）

となり、計「3600円」の売上で、仕入は計「2000円」となります。粗利益額は3600円－2000円＝1600円です。

では、商品構成の数量を見直して、商品Aを20個に増やし、商品Bを10個に減らしたらどうでしょう？

商品Aの売上……120円×20個＝2400円（仕入は800円　粗利益額は1600円）
商品Bの売上……120円×10個＝1200円（仕入は800円　粗利益額は400円）

売上は3600円で同額ですが、粗利益額は3600円－1600円＝2000円に増えるのです。

商品構成や事業構成を変えると、売上は同額でも、粗利益額が増えます。目標とする粗利益額が決まったら、商品構成や事業構成を見直す。そして、「どの商品を、どれだけ売るのか」を社長がみずから決定する。

商品構成を変えると、粗利益額を増やせる

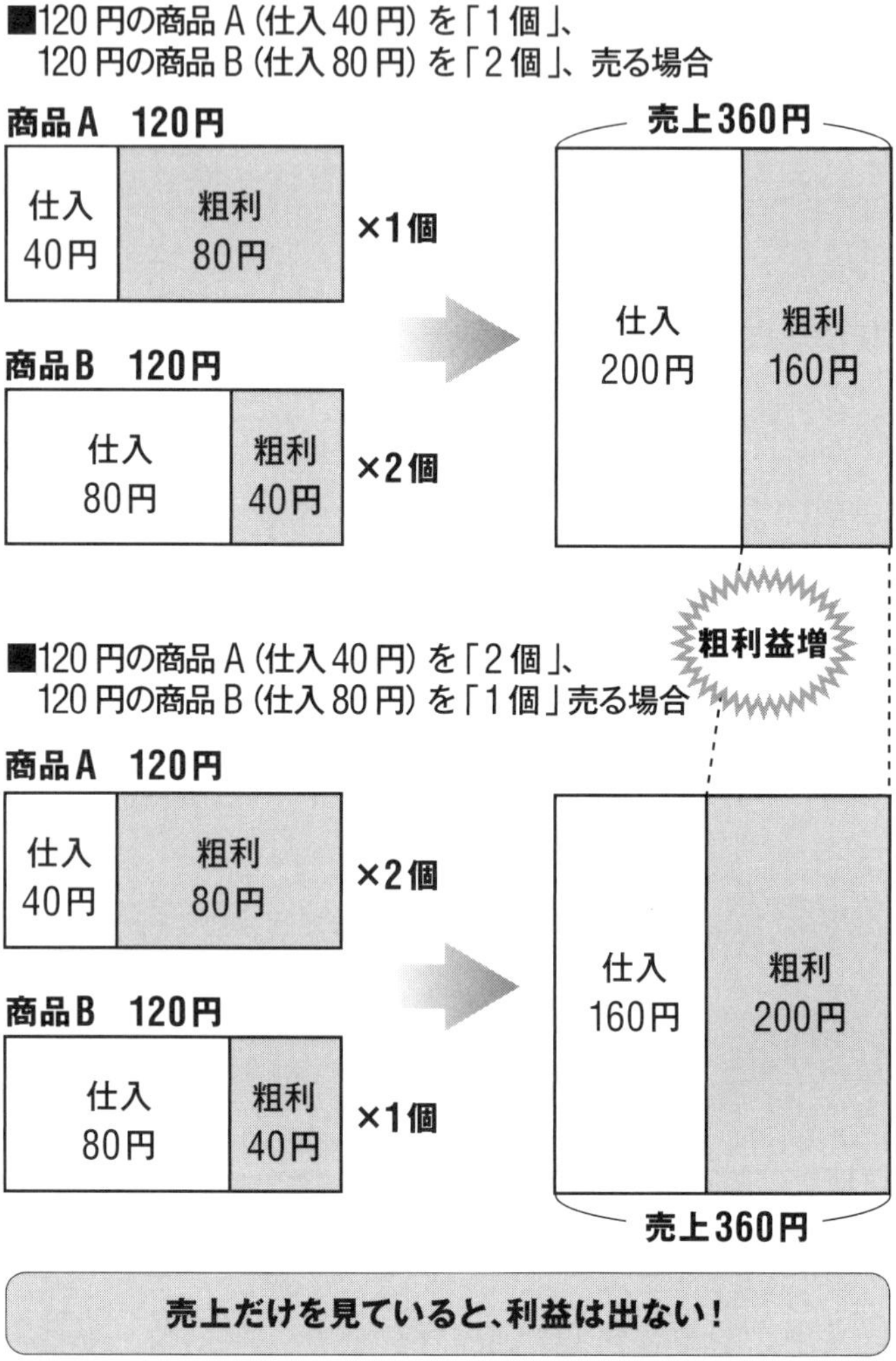

売上だけを見ていると、利益は出ない！

6 「5年後に売上倍増」を決定する

「今と同じやり方」「今と同じ考え方」「今と同じ人」では後退あるのみ

経営で大事なのは、目先のことにとらわれず、「長期的な視点」で考えることです。そこで武蔵野は、1977年から、5年後までの経営計画を立てた**「長期事業構想書」**をつくっています。

長期事業構想書は、**「5年で売上2倍」**の目標を設定しています。

「5年で売上2倍」の目標を設定すると、毎年15％の売上増が必要になります。現業でどんなに頑張っても5％しか増やすことができないとしたら、新しいこと（新しい手法や新しい事業）をはじめるしかありません。

武蔵野の社員も、行き詰まっている中小企業の社長も、現状の延長線上で物事を考えます。しかし「今と同じやり方」「今と同じ考え方」「今と同じ人」では、現状維持（前年実績）が精いっぱいです。

あらゆることが猛スピードで変化する時代にあって、**現状維持は「後退」と同じ**です。新規事業をはじめるとか、ＩＴ化を進めて効率化を目指すとか、商圏を開拓するとか、好調の部門に人材を投入するとか、Ｍ＆Ａ（企業の合併・買収）をするとか、不採算部門から撤退するとか、社員教育に力を入れるとか……、これまでとは違うやり方を積極的に取り入れなければ、達成することができません。

つまり、**「5年で売上2倍」の経営計画を立てることで、「今までの経営を変えて、新しいことにチャレンジする」必要が出てくる。**

たしかに2％の成長率なら現実的かもしれない。けれど、少し頑張ればできる長期計画では、会社を変えることも、強くすることもできません。

「5年で売上2倍」の計画を立てると、社員は口をそろえて、こう言います。「無理だ」。そのとおりです。私が数値目標を高く持つのは、社員に「無理だ」という概念を正しく理解させるためでもあります。

社員にとっての「無理です」は、「挑戦したくない」と同義です。

ですが、社長に面と向かって「挑戦したくない」「やりたくない」とは言えないので、「目標が高すぎるので、無理だと思います」と、婉曲《えんきょく》に表現します。人は「できない」「無理だ」「達成できない」と決めつけているかぎり、新しいことに挑戦しません。

ではなぜ、社員は「無理だ（挑戦したくない）」と思うでしょうか。それは、「今と同じやり方」「今と同じ考え方」「今と同じ人」で仕事を続けたほうがラクだからです。

人は、変化を嫌い、現状維持を好むので「今年の売上の伸び率は103％だったから、来年も対前年比103％でいい」と甘く見積ります。ですが、甘い目標では「少し頑張ればできそう」と考えてしまい、やり方、考え方、人を変えようとしません。

5年後の目標は、「今日すべきこと」を決定するためにある

武蔵野の成長を牽引《けんいん》している「経営サポート事業部」（約720社の会員企業をサポートする事業）も、「5年で2倍」の経営計画を立てた結果として、「苦しまぎれ」に生まれた事業です。

現事業の拡大だけでは、どうしても売上2倍の目標に達成しないことが分かったとき、私は「新しい事業をつくる」ことを決定した。

具体的な事業内容が決まっていたわけではなく、「苦しまぎれ」に「新規事業をやる」（経営指導を事業とする）と決めた。その結果としてできたのが経営サポート事業部であり、この事業の成功によって、増収増益を続けることが可能になったのです。

ダスキンのような掃除用品のサービス業界は、25年前から売上規模を落とし続けていますが、当社は継続的に売上を伸ばしています。

ダスキン事業部のホームサービス（一般家庭のお客様）では、新卒社員の思考・行動特性に合わせた組織（入社3年目から5年目までの若い課長を配属し、新卒社員との世代間ギャップをなくす）をつくる。

一方、ビジネスサービスでは、ダスキンシャトル（ダスキン本社がFC加盟店の顧客の定期レンタルサービスを代行する事業）を利用して業務の大部分をアウトソーシングすることで、商圏を千代田区に広げています。右肩下がりの業界において、武蔵野が右肩上がりでいられるのは、常に先を見据えてビジネスのしくみを変えているからです。

長期事業構想書をつくって、目標を数字に落とし込むと、「その数字を達成するために、何をすべきか」が見えてきます。「どの事業もまんべんなく伸ばすのは無理だから、一番伸びている事業をさらに伸ばそう」「現事業だけでは確実に達成できないから、新規事業を起こすしかない」など、自社の現時点での実力（自社の現状）が明確になります。長期計画は、5年後の自社の姿を決めるものではありません。**5年後の目標を達成するために、「今日、何をすべきか」を決定するためにある。**

まとめ

経営計画書の作成は、「目標の数字を決めること」からスタートする。

経営は逆算。はじめに「経常利益の目標」を決定する。「経常利益」の数字に、根拠はいらない。数字はテキトーに決める。

目標とする「数字」が決まったら、「どの商品(事業)で稼ぐか」を考える。

経営は「数の論理」。顧客単価を増やすよりも、数(シェア)を増やすのが原則。

「長期事業構想書」を作成する。「5年後に売上倍増」をめざす。

第4章 「方針」を決定する

1

「頭でなく手を使う」こと を決定する

社長ひとりで99%が決まる

自社の経営が思わしくないとき、残念な社長は、原因を外部環境に求めます。「市場に活気がない」「人材が不足している」「消費が冷え込んでいる」「商品に魅力がない」……と言い訳をする。

ですが、それは間違いです。会社が赤字になるのは、外部環境のせいではありません。**会社が赤字になるのは、社長が「赤字でもいい」と決定したから**です。会社が潰れるのも、社長が「倒産やむなし」と決定したからです。

「そんな決定をする社長などいるはずがない」と思われるかもしれませんが、経営環境が厳しいことが分かっていながら、有効な対策を取らなかったのは、「赤字でもいい」「倒産していい」と決定したのと同じです。

会社は、社長が決定したようにしかなりません。そして、経営計画書は、社長の決定の集積です。

会社の中で決定できるのは社長のみ。とくに小さな会社は、**社長ひとりで99%が決まります。**では、社長は何を決定するのか。

「方針」です。

社長が方針を決定しなければ、社員は何を実行していいか分かりません。それこそ「放心」状態になってしまう。

ですから、社長の一番大切な仕事は、方針を決定すること。一方、社員の一番大切な仕事は、方針を実行することです。

では、どのように方針を決めるのか。

「真似」して決めるのが正しい。

もっとも簡単な経営計画書のつくり方は、武蔵野の経営計画書をコピーして、「いま、自社にできること（できていること）」だけを残せばいい。

「頭」を使うな。「手」を使ってつくれ

実践経営塾の経営計画書作成合宿では、武蔵野の歴代の経営計画書のほか、さまざまな会社の経営計画書を見本として展示しています。

合宿の参加者は、展示してある経営計画書に目を通し、「この方針は、武蔵野の36期を真似しよう」「この方針は、製造業をしているA社を真似しよう」「うちはパチンコホールを経営しているから、同じ業種のB社を真似しよう」と決めるだけ。

社長は頭を使ってはいけません。使っていいのは「手」だけです。会場には、コピー機をはじめ、のりやハサミが用意してあるので、コピーして、はさみで切って、A４の

コピー用紙に貼って、清書（パソコンに入力）して、できあがりです。

武蔵野の経営計画書を真似るときは、「第36期　経営計画書」をベースに考えると分かりやすい。第36期までの経営計画書は、「小山昇の独断（トップダウン）」でつくっていました（現在は方針の実行・改訂を社員がアセスメント・評価するしくみ）。**社員教育の行き届いていない小さな会社であれば、トップダウンでワンマン経営が正しい。**

中小企業が成長するには、まずトップダウンを徹底的に行って、社員の人材育成を図ることです。

本章では、「第36期　経営計画書」の内容に沿って、方針の立て方を解説しています（36期の方針の中から、とくに必要だと思われる方針をピックアップして詳述）。

2 方針は「トップダウン」で決定する

若い組織はトップダウン。成熟した組織ならばボトムアップ

武蔵野の経営計画書は、第36期までは私ひとりでつくっていましたが、現在は、毎年3月に、部長職以上の社員とプロジェクトチームのリーダーが集まって、今期の経営計画書の方針をアセスメントします。

「この方針は実行できた」
「この方針は実行できなかった」
「この方針は成果が出た」

「この方針は成果が出なかった」

と評価し、中止する方針、続行する方針、修正する方針をアセスメントします。

経営計画書の内容を

①「リーダーシップ」
②「個人・組織能力」
③「戦略・プロセス」
④「お客様満足」
⑤「結果」

の5つの要素に分けて、「強み」（実行して成果が上がった方針）と「弱み」（実行して、成果が上がらなかった方針）のレベル評価を行います。

幹部が「新たな方針が必要」と判断すると、アセスメント時に原案をつくらせます。幹部から上がった方針を私がチェックし、最終的には社長の責任において、経営計画書の内容を確定させます。

若い組織はトップダウンによる経営が有効ですが、**成熟した組織ならばボトムアップでないと成果が出ない。**訓練された組織には、何年にもわたって社長の方針を実行してきた歴史があるため、リアルな知見が育まれているからです。

経営計画書をこれからつくる会社であれば、最初の2年間は社長がひとりでアセスメントをして、トップダウンで計画を立てる（並行して社員教育にも力を入れる）。

そして、**3年目からは幹部社員にも、「方針を実行できたか、できなかったか」を各自アセスメントさせ、協議する。**すると、「Aさんは実行できているけれど、Bさんは実行できていない。なぜBさんはできていないのか」「その方針は、そういう意味があったのか。知らなかった」など、話し合いによって理解が深まるようになります。

立てた計画の結果が分からないと、次のアクション（対策）が決まりません。経営計画は毎年見直し、「実行の可否」を振り返る必要があります。

3 「自社ができることだけ」を決定する

願望は語らない。書いていいのは「できることだけ」

いくら「真似をすればいい」といっても、実行のともなわない方針を真似たところで会社は変わりません。

これまでに一度も経営計画書をつくったことのない会社が、武蔵野の「第56期経営計画書」に書かれてある方針をすべて実行できるはずがありません。

【真似の仕方①】「自社でできること」だけを真似る

小学1年生がいきなり6年生の真似ができないように、経営計画書も、真似したい会社と自社の間に実力差がありすぎると、真似できません。ですから、「いま、できていること」「ちょっと頑張れば成果が出そうなこと」だけを真似します。

多くの社長が「良いことをやろう」と考えます。けれど「良いこと」をしたからといって、結果が出る（お客様の数が増える、業績が上がる）とはかぎらない。**中小企業の社長は、「良い計画」ではなく「成果が出る計画」を立てるべき**です。

「良いこと」や「やりたいこと」があっても、いまの自社の実力では実行できない場合は、真似してはいけません。「できることだけ」の経営計画書は薄くてペラペラです。でもペラペラでいい。願望を掲げても、実力がなければ利益につなげることは不可能です。

株式会社ロジックスサービス（宮城県）の菊池正則社長は、2006年にはじめて経営計画書を作成しました。方針の数は10個だけで、本当にペラペラだった。経常利益の目標も200万円でしたが、1年後は1000万円を実現しています。

【真似の仕方②】「方針」の数を減らす

「あれもやりたい、これもやりたい」とさまざまな方針を盛り込むと、社員は拒否反応を示します。**新しい方針を入れたいなら、せいぜい「3つまで」**です。

新しい方針を実行するのは、予想以上に困難です。社長の頭では「できる」と思えたことが、実際の現場ではできない。むしろ、できないことのほうが多い。新しく取り入れたい方針は、優先順位をつけ、「上位3つ」だけを真似します。

【真似の仕方③】真似しやすい「方針」から真似る

武蔵野の「第36期経営計画書」に記載された方針を順番どおりに真似しなくてもかまいません。実行できないものは、真似しない。できることがひとつしかないのであれば、「ひとつ」でいい。はじめは「ひとつだけ」でスタートし、少しずつ方針の数を増やしていくのが正しいつくり方です。

社用車を持たない会社が、「サービスルートの組み方」「道の覚え方」「運転に関する方針」を真似したところで実態に合いませんから、自分がつくりやすいところ、簡単なところ、できているところだけ真似をします。

真似るときの 3 つのポイント

その 1

「自社でできること」だけを真似る

- 「できないこと」を書くと「やらなくてもいい」という方針になる
- 薄くてペラペラでもいい
- 「できていること」「頑張ればできそうなこと」だけ真似る

その 2

「方針」の数を減らす

- 新しい方針を加える場合は「3 つ」まで
- 社長の「できる」と現場の「できる」は違う

その 3

真似しやすい「方針」から

- 基本方針や経営理念は「あと回し」でもかまわない
- 簡単なところからつくりはじめればいい
- 真似る方針は「ひとつだけ」でもいい

4 「お客様に関する方針」を決定する

「同じお客様に繰り返し、利用していただく事を基本とする」

私はよく、自社の事業コンセプトを次のように説明しています。

「鉄砲は売らない。弾を売る」

鉄砲一丁あたりの売上は大きくても、鉄砲はそうそう買い替えるものではありません。けれど弾は消耗品で、単価は安くとも日常的に売れます。

武蔵野は、ダスキンの代理店業務（25億円）にはじまり、経営サポート事業（50億円）と事業の幅が広がりましたが、ビジネスモデルは**「同じお客様に繰り返し利用していた**

だく」ことがコンセプトになっています。

店舗を持たず、お客様を訪問して商品・サービスを売るのがわが社の特徴です。私はこれを**「ミツバチ作戦」**と呼んでいます。

「ミツバチ作戦」の反対が「クモの巣作戦」。店舗をかまえてお客様を待つ戦略です。

「現在のお客様に喜ばれることを第一に考える」

「パレートの法則」をご存じですか?

●世の中の出来事は、少数(20%)の事柄が結果の大部分(80%)を左右する。
●上位5%のお客様で結果の20%の売上がある。

そこでダスキン事業は、上位5%の「一番古く、一番お役立ちができているお客様」
=「粗利益額が多いお客様」に対し、お中元とお歳暮の訪問を続けています。

私が30年以上訪問しているお客様でライバル会社に奪われたお客様はゼロです。

お客様への正しい姿勢

1. 基本

⑴ 我が社とお取引がある方が**「お客様」**です。
⑵ 最初にお会いした人が**「我が社の顔」**です。
⑶ 最初に電話に出た人も**「我が社の顔」**です。
⑷ お客様に過去の実績・人間関係で甘えることは許されない。お客様は無警告で離れる。今日、只今の武蔵野の対応だけで判断されるので、すぐに対応する。

2. 姿勢

⑴ 約束や時間を絶対に守る。
② 約束変更を依頼する際は、チャットワークを使用しないで必ず電話で連絡する。LINE を業務で使用することは禁止とする。
⑶ お客様のお問い合わせには、誰が聞いても快く、対応する。嘘やいい加減なことは言わない。
②「お金と人事」に関することはお答えしない。「小山に聞いてください」と言う。
⑷ 良き相談相手として「お役に立ちたい」という精神で接する。
④ 経営サポートは医者と患者の関係。上から目線ではなく、お客様目線で対応する。
⑸ **親しくなっても礼儀と明るさを忘れない。**
親しき仲にも礼儀あり。礼儀知らずは恥知らず。iPhone や iPad を使用する際は、お客様の許可を得る。お客様との食事も同様とする。

株式会社武蔵野の第 56 期経営計画書より抜粋

訪問すれば、お客様に感謝の気持ちをお伝えすることや「お客様からのお叱りの声」を聞くことができます。

98%のお客様は「武蔵野の従業員はよく教育されている」と褒めてくださいますが、残り2%のお客様は、なんらかの不満を秘めています。その不満に耳を傾け、改善へとつなげることで、「現在のお客様」を守ることができます。

5 「環境整備に関する方針」を決定する

「形」から入って「心」に至る

多くの経営は、社員を変えるために「心の教育」に力を入れます。しかし、心の教育（社員の心に直接訴えかける教育）で社員は変わらない。理由はおもに「2つ」あります。

①心を測る道具がない

長さを測る道具はモノサシ。重さを量る道具はハカリ。では、心を測る道具は何かというと……、見当たりません。

「10」のマインドを持つ社員に、「5」プラスできる教育をしたとしても、その社員のマインドが「15」になったかどうか、確認する方法がありません。

②心は不安定である

人の心は不安定です。研修の直後にはやる気がみなぎっていた社員の「心の風船」も、帰宅後、奥さんにひと言、嫌みを言われただけですぐにしぼんでしまいます。これくらい安定しない心に対して、どれほど教育を施しても、良い効果は長続きしません。

もちろん社長は、社員の心も育てなければなりません。とくに、社長と社員の「価値観」をそろえなければ、会社を成長させることは不可能です。

赤字続きでブラック企業の武蔵野が、超ホワイト企業に変わることができたのは、**「会社（社長）の価値観を全社員が共有した」から**です。

では、どうすれば価値観をそろえることができるのでしょうか。

答えは、**「形をそろえる」**です。心より先に形に目を向ける。心は目に見えません。だから、いくらでも嘘がつけるし、本心を隠すこともできる。けれど、形は目に見えます。**形は嘘をつきません**、だから私は、徹底して「形の教育」をしています。

多くの社長は、「心を変えなければ、形は変わらない」と思っていますが、その逆です。形が先で心はあと。**「形から入って心に至る」のが正しい社員教育**です。そして、私が「形の教育」の根幹に据えているのが、**「環境整備」**です。

仕事をやりやすくする「環境」を「整」えて、「備」える

私が武蔵野の社長に就任したばかりのころ、社員はみな覇気がなく、やる気も、誇りもありませんでした。さて、どうしたらいいものか……。

私は「小さなことでもいいから、日本で一番になろう。一番になれば、社員は誇りを持つようになる」と考え、「業界一、整理整頓の行き届いたキレイな会社にする」と方針を決定。全社員に、毎朝30分（朝礼後）を義務づけました。

この活動が、環境整備です。

武蔵野は、「毎朝の整理・整頓・清潔を、人材教育と組織改善の基本となりうるもの」と位置づけ、環境整備と呼んでいます。

環境整備は、ただの掃除ではありません。会社の文化です。

この活動を通して職場で働く人同士が心を通わせ、仕事のやり方や考え方に気づく習慣が身につきます。

一般的な掃除……掃いたり、拭いたりして、ゴミやホコリ、汚れなどを取り去ること
環境整備……仕事をやりやすくする「環境」を「整」えて、「備」えること

掃除を終え、手を洗うと、心の汚れも洗い流される。心が清々しくなり、素直になる。ものをピカピカにすれば、心も自然とピカピカになる。

毎日やる。必ずやる。全員でやる

全社員は、1日も休むことなく、ひとりの例外もなく活動をするのがわが社の方針です。

掃除は、誰でもできます。したがって、新入社員もベテラン社員も、経験や年齢に関係なく、ひとしく教育できます。

たしかに、1日、2日掃除をしなくても、会社が目立って汚れることはないでしょう。けれど、それでも毎日やる。毎日やるからこそ、組織としての一体感を保つことができます。

必要最小限まで、要らない物、使わない物はとにかく捨てる

環境整備の「整（整える）」には、2つの意味があります。

「整理」と「整頓」です。

「整理」＝捨てること

「整理」とは、端的に言うと「捨てる」ことです。必要なものと不必要なものを分け、徹底して捨てる。やらないことを決める。

「あれもやりたい、これもやりたい、それもやりたい」と手を出すと、リソースが分散して、目立った成果を上げることができません。

わが社では、1987年から「個人の机」も捨てました。2009年からは、営業の管理職は椅子を捨て、立って仕事をしています。

「不要なものを捨てる」という経験を何度も繰り返していると、「物」だけではなく、「情報」や「仕事」のムダにも気づくことができます。

「整頓」＝そろえること

物の置き場を決め、向きをそろえ、いつでも、誰でも使える状態を保つことです。

椅子の位置や、ペン立ての方向、ちりとりの向きや、本棚の資料にいたるまで、決められた場所に、名前を表示し、数字をつけて管理することが大切です。こうしておくと、「必要なものを、必要なときに、すぐ使える」状態になります。

社員一人ひとりが、形を整えて、決められたことを、決められた場所にきちんと整頓していく。社員全員が同じ方向に向かって行動していくうちに、不思議と心までそろっていきます。社員の心が統一されることで、会社として統率力や団結力が格段に高くなります。

私は、「少々強引にでも『嫌いなこと』をやらせなければ、人は育たない」と考えています。社員が「やりたいこと」だけをやっていては、会社は成り立ちません。社員に自由を与え、「好きなこと」ばかりやらせていたら、たちまち会社は潰れてしまいます。環境整備の徹底も、社員にとって「嫌なこと」のひとつです。しかし、嫌なことをさせていくうちに、価値観（社員の心）がそろいはじめます。

今日はここだけという部分を決めて徹底的に、ピカピカに磨き込む

毎朝掃除をすることで、「あ、ここが汚れている」「廊下のワックスがはげてきたな」「廊下のここが傷ついている」「電球を交換したほうがいいかもしれない」「エアコンのフィルターも換えどきだ」と、さまざまな気づきが生まれます。この気づきが社員の感性を育みます。

感性は、持って生まれた素質ではありません。心がけ次第でいくらでも豊かになります。

気づかせるには「広い範囲」ではなく、狭い範囲に集中すること。「新聞紙を広げたくらいのスペース」を徹底して磨き込むことが大切です。

事業年度計画表に基づき、社長と担当者が順番に巡回点検する

4週に1回、「環境整備点検」を実施し、社長と担当部長が120点満点で採点しています。チェックする日は、経営計画書の「事業年度計画表」に記載されてあり、抜き打ちチェックはしません。

抜き打ちチェックは会社を暗くするだけです。社員も「どうせダメだから」とふて腐れます。ふて腐れてやらないよりも、年13回「計画どおりに実施」したほうが、仕事の精度が上がる。

点検日を伝えておくと、「じゃあ、点検日の前日だけ環境整備をやればいいや」と、姑《こ》息《そく》なことを考える社員が現れます。でも、それでもいい。

前日の夜や当時の朝に、「慌ててやる」「つじつま合わせでやる」のが、正しい仕事のやり方です。

年13回を30年間続けると390回。1年間やり続けても365回です。数はかなり多い。

環境整備に関する方針（例）

1．基本

⑴ **「形」**から入って**「心」**に至る。**「形」**が出来るようになれば、あとは自然と「心」がついてくる。

⑵ 朝礼終了後**計画**を立てた所を **30 分間**行う。勤務時間が 4 時間未満の人は 15 分間とする。

⑶ **毎日**やる。**必ず**やる。**全員**でやる。

2．整理

⑴ **最小必要限**まで、要らない物、使わない物は**とにかく捨てる。**

⑵ 要らない仕事を探して、その仕事を止める。

3．整頓

⑴ 物の置き場を決め、名前を表示し数字をつけて管理する。

⑵ 物を置く時は、向きを揃える。

4．清潔

⑴ **今日はここだけ**という部分を決めて**徹底的に、ピカピカに磨き込む。**

⑵ トイレ、床、車を重点とする。雨の翌日は全車洗車する。

⑶ 会社のまわり 10m を 1 日 1 回掃除する。

株式会社武蔵野の第 36 期・第 46 期経営計画書より抜粋

環境整備に関する方針

1．基本

⑴ **仕事をやり易くする環境を整えて備える。**

⑵「形」から入って「心」に至る。「形」が出来るようになれば、後は自然と「心」がついてくる。

⑶ 環境整備を通して、職場で働く人の心の形をかよわせ、仕事のやり方・考え方に気付く習慣を身に付ける。

⑷ 朝礼終了後、決められた作業を 30 分間行う。時間がずれても全員でやる。

2．整理

⑴ いる物といらない物を明確にし、最小必要限度まで、いらない物・使わない物をとにかく捨てる。

3．整頓

⑴ 物の整頓

① 置き場を決め、名前・数字を付けて管理する。管理責任者を決める。

② 向きを揃える。置き方は、平行・水平・垂直とする。

③ 置く場所は、使用頻度・販売数量に応じて決め、定期的にその位置をチェックする。

④ 探す時間・戻す時間を減らす。

⑤ 徹底して技術を身に付ける。

7．チェック・改善

⑴ 点検チェックシートを使い、毎サイクル、社長が先頭に立ってチェックする。社員も同行し、チェックする。

⑵ **口では嘘**をつけるが、**形は嘘**をつかない。

⑶ 直近3回の合計が 350 点以上の部門には、食事会・懇親会の補助を一人 2,000 円プレゼントする。**翌月から3ヶ月間環境整備の時間は 20 分**にする。

⑷ チームが現実・現場に合わせて環境整備を強化する。

⑸ チームが点検に関するチェック基準やルールを明確化する。

株式会社武蔵野の第 56 期経営計画書より抜粋

6 「販売に関する方針」を決定する

お客様のクレームは上司に報告、関連部門で共有する

お客様からのクレームはすべてコールセンターで一括して受け取ります。クレームが寄せられると、ボイスメールを使って営業担当者に連絡。さらに「営業支援システム」を併用して営業担当者に携帯メール（文字情報）を送信します。営業担当者はクレームに対応したのち、コールセンターにフィードバックするのが決まりです。

クレーム処理後は、「モノ」「サービス」「人」のカテゴリーに分け、データベースに記

録します（半期ごとに集計）。

２００９年６月からは営業支援システムをウェブ化しました。クレームが届くと、コールセンターは営業担当者に「サイトのアドレス」をメール送信します。営業担当者がウェブにアクセスすると、お客様情報（住所、電話番号、使用している商品など）が閲覧できるしくみです。

クレーム対応後、処理の内容をウェブに書き込めば、コールセンターは進捗《しんちょく》状況をリアルタイムで把握できます。ただし、20分経過しても営業担当者からのフィードバックがなければ、５分おきに、何度でも（しかも上司や部門長にまで）メールを自動送信します。

お客様アンケートを取り、サービス基準の見直しを行う

経営サポートは、お客様から「本当に支持されているのか」を知るため、セミナー終

了後「お客様アンケート」を行っています（毎回）。

アンケートは紙のアンケートを配布しています。

幹部塾、社員塾は直接提出してもらい、経営塾は机の上に置いて帰っていただいています。経営塾以外は回収率ほぼ１００％です。

回収したアンケートは、イベント終了後スタッフで読み合わせ、振り返りを行い、特記事項はスプレッドシートに残しています。

その場で改善できる内容はその場で行い、検討が必要なものは責任者会議→本部長会議もしくは商品企画会議で検討します。

また、ＰＤＦにして「アンケートフィードバック」チャットにアップし経営サポート事業本部全体に共有しております。

クレームや、すぐに報告した方がよい内容があれば営業担当に連絡し情報共有しています。

キャンペーンは、売れなくてもやるのが正しい

ダスキン事業部は、年に4回（5月、8月、11月、2月）キャンペーンを実施しています。

若い課長と新卒社員にコストを割いてキャンペーンを実施して、売上は上がるが、投じたリソースに見合うだけの成果が得られないときもあります。

成果がすぐには見込めないのに、どうしてキャンペーンに力を入れるのでしょうか。

それは、「断られる」ためです。

お客様の中には、「毎月交換に来られるのはうっとうしい」「そんなに頻繁に掃除はしないことが分かった」「他社のほうが安い」といった理由で、「そろそろ解約したい」と思っている方がいます。

こうしたお客様に対して、「新商品が出ました。キャンペーン中です」とご案内をした

ところで、断られるのは目に見えています。けれど、それでいい。

なぜなら、お客様の心の中に、「新商品を断った」ことによる心理的な引け目が生まれ、「現在ご契約中のサービスについては、当面、継続」してくださるからです。

つまり**キャンペーンとは、新商品を売ること以上に、解約予備軍のお客様を引き止めるためのパトロール活動**です。だから、断られてもいいです。

キャンペーンのもうひとつの目的は**「こういう商品がある」「こういうサービスが提供できる」とお客様に「知っていただく」**ことです。

その場で興味を持ってもらえなくても、一度でもお話ししておけば、お客様の記憶の片隅に残ります。ダメな社長は、お客様に一度でも「いらない」「買わない」と言われたら、「未来永劫《えいごう》いらないし、買わないのだ」と思ってしまう。そうではありません。

お客様の「いらない」「買わない」は、あくまでも「そのときに限っては」いらない、買わないということに過ぎない。時間が経《た》って状況が変われば「ほしい」「買いたい」にもなる。だから、ライバルに先んじて情報を伝えて、「知っていただく」ことが大切です。

販売に関する方針（ダスキン）

1．基本

⑶ キャンペーンは（5月・8月・11月・2月）を行う。
キャンペーンは、①**断られる為**、②**知ってもらう為**、③**買ってもらう為**に行う。

株式会社武蔵野の第56期経営計画書より抜粋

7 「クレームに関する方針」を決定する

クレームの発生の責任は社長にある

本来は、すべて社長が受けるべきであるが、社長一人で受けきれないので、社長に代わって誠意を持って対処する。

クレームが起きる商品を扱ったのも、クレームを起こす社員を雇ったのも、その責任はすべて社長にあります。

本来であれば、すべて社長が対応するのが正しい。お客様から指摘された「業務改善点」を社長が先頭に立って処理するのが正しい。

ですが、さすがに私ひとりでは受けきれないため、担当社員や幹部が誠意を持って対応します。

お客様の目の前で、その事実だけを役員に報告する

事を大きくすることが大切です。

良い情報は報告しなくても倒産しませんが、悪い情報が上がってこないと、会社は倒産することがあります。

したがってクレームが発生したら、後まわしにしたり、その場で穏便に済ませようとせず、お客様の目の前で上司や役員に報告。**「事を大きくして」全社的に解決**にあたります。

クレーム発生の責任は一切追及しない

「発生したこと」と「発生させた人」を分けて考えることが大切です。「発生させた人」を追及しようとすると、叱られたくない社員は、失敗を隠そうとします。

ただし、報告・連絡を怠った社員は、賞与の評価を下げます（現在は半額です）。

すぐに当事者と上司がおわびと事実確認に行く

顔を出すことが大事です。対策は後でよい。

クレームを未然に防ぐためには、マニュアルをつくるよりも、社長や幹部が、クレームを発生させた社員と一緒にお客様のもとを訪れ、「本人に代わってお客様に叱られる」ことです。

はじめてやることの多くは失敗するのが当たり前

以前、小金井支店の新任店長だった牛島弘貴（現部長）が、お客様のところに謝罪にうかがった際、クレームをさらに大きくしてしまったことがあります（結果的に、牛島の上司である上野朝之部長〈現本部長〉が解決）。

なぜ、牛島はクレーム対応を間違ったのでしょうか。一番の理由は、「クレーム対応の経験がなかったから」です。

とくに、新任課長や新入社員の場合、はじめてやることの多くは失敗します。そこで武蔵野は、新任の管理職を対象に**「新任幹部研修」**を実施し、クレーム対応の仕方、部下の指導の仕方、部下との面談の進め方などを指導しています。

上司に対する部下の不満も「社内のクレーム」ですから、社外や社内（部下）からどのようなクレームが上がっているのかを共有し、アセスメントして、業務の改善につなげています。現在、経営サポート事業部で「実践新任幹部塾」として人気を集めています。

クレームに関する方針（例）

1．基本

(1) **全ての業務に最優先とする。**

(2) **発生の責任は一切追及しない。発生の責任は社長にある。お客様の目から見た業務改善点の指摘です。本来は全て社長が受けるべきであるが、社長一人で受けきれないので、社長に代わって対処する。**

(3) 当事者と上司がお詫びと事実確認に行く。お客様の前に顔を出すことが大事です。対策は後でよい。対応は、一人では絶対に行かない。

(4) **クレームの 80%は、報告が少ないことに起因する。**

(5) 解決して組織が成長する。

2．発生

(1) **現場から事実だけをすぐに上司に報告する。事を大きくする。**報告・連絡を怠った時は、1 回で賞与を半額にし、上司・当事者がかかった費用を負担する。

3．対処

(1) お客様への第一報は 30 分以内とする。

(2) 解決するまで何回でも足を運ぶ。

(3) 物損クレームはお客様自身に購入していただく。

(4) 必要なお金は我が社で出し、処理は丁寧にお願いする。安くなくてよい。

株式会社武蔵野の第 56 期経営計画書より抜粋

8 「経営理念はなくてもいい」と決定する

「各論」の先に「経営理念」がある

「経営理念」は、あってもなくてもかまいません。

経営計画書をつくる際、経営理念からつくろうとする社長がいますが、理念はあと回し。

経営計画書に記された方針を実行し、「各論」が積み重なり、ひとつずつレベルが上がっていった先にあるのが経営理念です。

ですから、**最初から、一番高いレベルをめざしてはいけません。**小学生が、簡単な足し算から学ぶのと同じです。

経営理念は、方針を実行し続けた結果、たどり着くものです。

武蔵野も、はじめは経営理念がありませんでした。だから、35年ほど前に、どこかで目にした文言を真似しただけです。出所は、もう忘れました。

アドレス株式会社（福島県）の高尾昇社長は、武蔵野の経営理念と「七精神」（武蔵野の行動指針）をそっくりそのまま真似しています。

ごちゃごちゃ考えない。頭を使わない。手を使って真似ただけ。ですが、だから「イエステーション全国大会総合部門で日本一」に輝いた。

経営理念は、すでに考え尽くされています。どこの会社も、似たり寄ったりです。時間をかけて考えたところで、きっとどこかの真似になっている。

経営理念（例）

経営理念

われわれは
お客様によろこばれる仕事を通じて
世の中の発展と繁栄に貢献し
あわせて全員の成長をこいねがう
運命共同体としての同志と

一、お客様第一主義
二、われわれグループの成長と安定に全力をつくし
三、全員の物と心の向上に努力する

以上三つのメリットが一致するような
経営を行うことにより
広く社会に奉仕する

まとめ

社長の一番大切な仕事は「方針を決定する」こと。

若い組織はトップダウン。
成熟した組織ならばボトムアップで経営計画書をつくる。

もっとも簡単な方針の立て方は
武蔵野の「第36期 経営計画書」を真似る。
（コピーして必要なところだけハサミで切りノートに貼る）

真似するときは「自社にできること」だけを真似る。
方針の数は少なくてもいい。

「各論」を決めるのが先。むずかしい「経営理念」はなくてもいい。

第5章 「スケジュール」を決定する

1「1年先の予定」を決定する

「今年やったことを、来年も同じ日にやる」と決める

経営計画書で方針を示しても、「誰が、いつ、何をやるのか」を決めなければ、その方針は、絵に描いた餅になる。

社員は自発的に実行することはありません。面倒なこと、嫌なことはやらないのが「まともな社員」です。けれど人間は「決められたこと」「書かれてあること」ならやります。だから**「事業年度計画表」（年間スケジュール）**をつくる必要があります。

スケジュールは、「今日、やったこと」を「次、いつやるか」を決めることです。ゼロ

からつくるものではありません。

多くの社長がこう言います。「1年先のことなど分からない」と……。違います。分からないのは、むしろ明日のこと。会社は毎年同じ事業活動を行っているから、**「1年先のことはすべて分かる」はず**です。

来年になったら、創業記念日は変わりますか？　変わらないですよね。来年になったら、入社式は変わりますか？　変わらないですよね。冬休みは？　変わらない。夏休みは？　変わらない。社員旅行は？　変わらない。夏物を仕入れる時期は？　変わらない。

多くの社長は、「新しいこと」をはじめます。けれど、**事業の95％は、「同じこと」の繰り返し**です。

「今年やったこと」を「来年も同じようにやる」から、「今年やったことを、来年の同じ日にやる」と決めるだけ。その日（来年の同じ日）が祝日に当たったら、前後にズラせばいいだけの話です。

武蔵野の事業年度計画（年間スケジュール）は、100％達成されます。できなかったことは、ありません。なぜなら、過去にやってきたことばかりだからです。

「変わるもの」を中心に考えるのではなく「変わらないもの」から考える。そうすれば、年間スケジュールはすぐに決まります。

毎月、「お祭り」（社内行事）を実施することを決定する

最近では、自治体などが主催する「お祭り」が減少傾向にあるようですが、かつてはお祭りが、地域の活性化（地域の交流や、地域のつながりの向上）に貢献していました。地域住民がひとつの目標に向かって団結するからです。

お祭りには、人をまとめる力があります。そこで武蔵野は、社員同士の一体感と達成感を醸成するため、毎月、お祭り（社員が一堂に集まるイベント、社内行事）を実施しています。

5月　経営計画発表会／上期政策勉強会／バスウォッチング（5月から9月まで）
6月　社員旅行
7月　全社員勉強会
8月　夏祭り（東小金井南口商店会「ヒガコサマーフェスティバル」の運営）
9月　幹部勉強会
10月　社内アセスメント（実行計画の策定）
11月　下期政策勉強会
12月　年末年始休暇
1月　全社員勉強会
2月　創業社長感謝の日（部門ごとにお墓参りに行く）
3月　経営計画書アセスメント
4月　社内アセスメント（実行計画の策定）

武蔵野は、社員の価値観がそろっているので、私（幹部）が社員（部下）に「右を向け」と命じれば、全社員がピッと右を向きます。「右はやめて、やっぱり左」と言い直せば、すぐに左に向き直ります。

価値観は、上司と部下が、「時間」と「場所」を共有しないかぎり、そろえることができません。

毎月行われる武蔵野のお祭りも、「上司と部下が、時間と場所を共有するためのしくみ」です。

社長の価値観を社員がいち早くわがものとして仕事をする。それこそが、組織が成長していくためのもっとも重要な要素です。

今年やったことを、来年の同じ日にやる

前期			
5. 4	月	先勝	みどりの日
5. 5	火	先引	こどもの日
5. 6	水	先負	振り替え休日
5. 7	木	仏滅	経営計画発表会
5. 8	金	大安	銀行訪問
5. 9	土	赤口	
5. 10	日	先勝	
5. 11	月	友引	バスウォッチング
5. 12	火	先負	
5. 13	水	仏滅	
5. 14	木	大安	
5. 15	金	赤口	新卒セミナー

前年の同日が、「土日・休日」の場合は、その前後にずらす

今期			
5.3	月	先勝	憲法記念日
5.4	火	友引	みどりの日
5.5	水	先負	こどもの日
5.6	木	仏滅	経営計画発表会
5.7	金	大安	銀行訪問
5.8	土	赤口	
5. 9	日	先勝	
5.10	月	友引	バスウォッチング
5.11	火	先負	
5.12	水	仏滅	
5.13	木	大安	
5.14	金	赤口	新卒セミナー

2「4週1サイクル」で決定する

仕事は「月単位」ではなく「週単位」で行われている

会計報告制度が「月単位」であるため、日本の多くの会社は、「月単位」で仕事をしているつもりになっています。

ところが実際は、**「月単位」ではなく、「週単位」**で仕事が行われています。「月曜日から金曜日まで仕事をして、土日は休み」とか「水曜日が定休日」とか。

1年間は、52週あります。4週のサイクルで割ると、「13」です。これに似ているのが、

「4週1サイクル」でパターン化する

6.29	月	A	
6.30	火		
7.1	水		
7.2	木		
7.3	金		
7.4	土		
7.5	日		
7.6	月	B	
7.7	火		
7.8	水		
7.9	木		
7.10	金		
7.11	土		
7.12	日		
7.13	月	C	
7.14	火		
7.15	水		
7.16	木		
7.17	金		
7.18	土		
7.19	日		
7.20	月	D	
7.21	火		
7.22	水		
7.23	木		
7.24	金		
7.25	土		
7.26	日		

**A週、B週、C週、D週の「4つにパターン化」して、
毎サイクル展開**

トランプです。

トランプは、4種類のスート（マーク）がそれぞれ13枚ずつあり、全部で52枚。カード1枚を7日間と考えれば、52週×7日間＝364日。これにジョーカーを1枚足せば、365日になります。

また、日本では、人が亡くなると「初七日」「四十九日」など、7日ごとに法要が行われていますし、新暦が採用されるまでは、1カ月は7日×4週＝28日だったといわれています。古くから「週単位」は、理にかなっていたわけです。

武蔵野のカレンダーは、「4週1サイクル」とし、A週、B週、C週、D週に分かれています。

そして「A週の土曜日は基幹支援ミーティング」「C週の月曜日は役員会議」「D週の火曜日はリーダー会議」「D週の金曜日は環境整備点検日」というようにパターン化して、毎サイクル展開しています。

3 「誰がやるか」を決定する

担当者は、テキトーに決めるのが正しい

事業年度計画は、各予定に「担当者」が決められています。

では、担当者はどのように決めるのか。**テキトーに決めます。**「何かを決めるときに根拠はいらない。理屈もいらない。適当に決めるのが一番いい」。これが私の考えです。

担当者の決め方で一番不満が少ないのは、「入社順」「職責順」「五十音順」です。

基本的に担当者はテキトーに決めていますが、社内行事に関しては、**「同じ人が2年連**

続で担当してはいけない」「前年にもっとも汗をかいた社員が担当する」のがルールです。

わが社の花形と呼ばれる「政策勉強会の司会」を担当できるのは、前回の政策勉強会で実行委員長を務めた社員です。政策勉強会の実施のために、誰よりも尽力したからこそ、そのご褒美として、次回に「司会」という大役を手にできます。

社員の序列は、360度の衆目評価で決まる

武蔵野の経営計画書には**「配付先一覧」**があり、社員の名前が序列に従って掲載されています。

では、どのように序列を決めているのかというと、「課長以上の投票」によって決まります。**360度の衆目評価**で決まるので、社員は文句を言えないしくみです。

判断基準は、適当でかまいません。好き嫌いでも結構です。Aさんのことが嫌いなBさんは、Aさんの点数を低くする。けれど一方でAさんもBさんのことが嫌いだから、同じように低い点数をつける。ということは、足して2で割れば一緒です。よく知らない

社員を評価するときも、テキトーに評価しておけばいい。

そして、この「テキトーにつけた順位」に賞与の成績をプラスすると、序列が決まります。このしくみなら、適当に順位をつけても、頑張っている人は上位に上がります。

課長の評価がAはマイナス6、Cはプラス6を加えて調整しています。

かつて「僕はなんでこんなに序列が下なんですか」と文句を言う社員がいたが、それでもやがて納得します。

「オレは、お前のことを課長の中で一番高く評価した。お前の課長としての評価が真ん中より下なのは、オレもおかしいと思う。どうしても納得できなければ、投票した50人全員のところに行って、評価を変えるように頼んでみてはどうか」

私にこう言われたら、どの社員も引き下がります。面倒だから、行くわけありません。引き下がったということは、「序列を認めた」ということです。

4 「来年は誰がやるか」を決定する

担当者を自動的に決めると文句が出ない

第56期第1サイクル・5月1日の「バスウォッチング」の担当者は坂本恭隆です。では、「配付先一覧」の坂本恭隆（NO・54）の「次の序列の社員」は誰かというと、「須貝佑介」です。次年度の第57期は、須貝がバスウォッチングを担当します。

つまり、**今年の担当者の「次の序列の社員」が来年度の担当者になるしくみ**です。

それともうひとつ、新しいことをはじめる場合は、「賞与を一番多くもらった社員」が担当する決まりです。

新しいことは誰もやりたがらないのが当たり前。誰もがやりたがらないことは、「賞与を一番多くもらった社員に押し付ける」ことが大切です。

今年押し付けられた社員が決まれば、来年度の担当者は自動的に決まります。「今年の担当者の次の序列の社員」です。

武蔵野は、こうして担当者を自動的に決めてきたわけですが、すると社員は「来年はオレの番か。だったら来年困らないように、今年は少し手伝っておこう」と自発的に協力するようになる。

社員同士の仲がいいのも、社長の方針

第56期第4サイクル・7月19日「環境整備点検」の担当者には、由井英明統括本部長、小林哲也本部長、高橋佑旗部長、鴨下裕司部長の4人の名前が記されています。もし、高橋佑旗の都合が悪いときにはどうするかというと、高橋は「自分の代わり」の部長を自

分で探さなければいけません。

でもほかの社員は、できれば代わりたくない。あるいは「代わってあげてもいいけど、オレの当番のときはキミが代わってくれ」と交換条件を出します。

ということは、武蔵野は、**社員同士が表面上は仲よく**なる。ここが大切なところです。「表面上、仲よくなければ代わってもらえない。仲が悪かったら代わってもらえない」ので、社員同士のいさかいが起きません。

社員同士の仲が悪いのは、それは社長の方針です。「社員同士は仲が悪くていい」と決めたからです。

5 「社員の長期休暇」を決定する

「仕事に人をつける」と、社員は長期休暇が取れる

私は、**「家庭の平安があって、充実した仕事ができる」**と考えています。会社がどれほど発展しても、社員の家庭が幸せでなければ、意味がない。

社員は、職責が上がるほど、家庭を顧みずに仕事をするようになります。仕事熱心なのは結構ですが、家庭がうまくいっていなければ、仕事で成果を出すことはできません。

武蔵野には**「長期休暇制度」**があり、課長職以上は、連続して9日間の有給休暇を取らなければいけません。それも、月末から月初にかけて、一番忙しいときに休ませてい

ます。本人の都合による日程変更は認めていません。長期休暇中に会社で仕事をすると、「始末書」（始末書2枚で賞与半額）です。

月末・月初には棚卸しや給与計算があり、一番忙しい。課長職以上が休むと、「引き継ぎが大変」とか「業務が滞る」と思われるかもしれませんが、そんなことはありません。

部長が休めば課長が代わりを務め、課長が休めば一般社員で一番成績が良い人が代わりを務めればいいだけのことです。わが社は、仕事の標準化・マニュアル化が進み、「ほかの人が業務を代行できるしくみ」ができています。

「人に仕事をつける」とブラックボックスになり、何をやっているのかが見えなくなります。そこでわが社では、仕事に人をつけています。

「のぞみ1号」は、新人の運転手でも、ベテランの運転手でも、誰が運転しても6時00分に東京駅を出発し、8時22分に新大阪駅に到着します。それは「仕事に人をつけている」からです。

毎年「総務部門」の担当を代えることができるのも、2年に1度「経理部門」の課長や担当を入れ替えることができるのも、「仕事に人をつけている」からです。

幹部は「人を育てない」のが当たり前

多くの会社で、どうして人が育たないのか、「人を育てるのが面倒」だから。もうひとつの理由は、「部下が、自分よりも優秀になると、自分の立場がなくなってしまう」からです。自分が抜かれる危険性があるなら、人を育てない。こう考える幹部がまともです。社長がそのことに気づかないのは、それは、「社長だけは、抜かれない」からです。

部長が休んで業績が下がると、それは部長の責任です。だから部長は部下に、自分がいなくても部署の仕事がきちんと回るように、最低限必要なことを教えるようになる。一方、部下は部下で、上司がいない間に、上司と自分の2人分の仕事を責任持ってこなすため、その間に著しく成長します。だから、人が育ちます。

なかには「自分がいないと、仕事が回らない」と考える社員がいます。では、その社員が交通事故に遭って1カ月入院することになったら、会社は潰れますか？　潰れません。したがって、**長期休暇を取らせると、わがままな社員やモンスター社員がいなくなります。**「オレがいなければ、回らない」というお仕着せがなくなり、社員が素直になる。モンスター社員が長期休暇を強制的に取れば、その社員がいなくても会社や部署がしっかり機能することが分かります。

もうひとつ、9日間連続で休みを取った社員、とくに妻帯者は、出社後から一生懸命働きます。連休明けに、スキップしながら出社する社員が続出です。

ゆっくり休んでリフレッシュしたから？　いいえ、違います。

休みが取れると、奥さんからいろいろなことを頼まれますよね。子どもの世話、買い物、掃除、洗濯、旅行……。体力もお金も消費して、ヘトヘトになり、「休みが苦痛」に感じる。だから「会社で仕事をしたい」と思う。これも人間の心理です。

経営計画書に「有休消化日」を記載

働き方改革法案が成立し、２０１９年4月から、年次有給休暇の5日以上の取得が義務化されることになりました。これにともない武蔵野では、経営計画書に「有休消化日」を記載し、55期有休消化率は51・３％です。

新卒社員の場合、基本的には入社半年後から有給休暇の取得権利が発生します。そこで、入社半年までは、「特別休暇」という名目で、実質的な有給休暇を与えています。

会社が「有休消化日」として指定しているのは、年間11回だけで、残りの有給休暇は、社員が好きなときに取得することができます（会社がすべて指定してしまうと、病気や忌引きなどのときに有給休暇が使えなくなるため）。

6 「子ども会社見学会の開催」を決定する

子どもたちに大人と同じことを体験させる

どうして最近の子どもは、親を尊敬しないのでしょう？　理由は簡単です。

いまから40年くらい前までは、どのお父さんも、子どもから信頼されていた。なぜかというと、「給料を現金で持ってきたから」です。そして子どもは、**お父さんの働く姿を見ていたから**です。

けれど、いまの家庭は違います。給料日になると奥さんがキャッシュカードでお金をおろして、子どもとお父さんにお小遣いをあげる。だから子どもは「お母さんが、一番エライ」と思っています。

子どもが進学をするのであれば、入学金を現金で子どもに渡し、枚数を数えさせればいい。あるいは自分で振込に行かせればいい。そうすれば、お金のありがたみに気づきます。

会社も同じことです。会社でもっとも尊敬される人は、頭がいい人ではなくて、「稼いでくる人」です。けれど「稼いでくること」が見える化されていない会社が多い気がします。

「子ども会社見学会」を開催する

「子ども会社見学会」の日に、子どもたちに会社に来てもらい、お父さん・お母さんが働いているところを見てもらう。でも、多くのお母さんは来たがりません、面倒だから。

そこで、「子ども会社見学会」に参加すれば、お母さんが、「日当1万円」をもらえるようにしました。そうすると、お母さんは1万円がほしいから、子どもを連れて武蔵野に来ます。

朝礼はひらがなの経営理念で親と一緒に唱和します。

子どもたちは、環境整備をします。大人のやっていることをそのまま子どもに真似させると、子どもたちは喜びます。そうじをするチーム（ワックスがけ）と宝さがし（モップ）チームに分かれて体験します。

そしてお父さんお母さんが働く姿を見て、感謝するようになる。

子どもたちは、B4サイズの紙に「サンクスカード」（ありがとうの気持ちを書くカード）を書いて、親にプレゼントします。「サンクスカード」を受け取ると、ウルウルする親もいます。最後に子どもたちにお菓子と親にお金を渡して終了。

仕事とお金について理屈を教えることも大事ですが、**親が働いている姿を見せること、そして、実際に子どもに労働を体験させることのほうが、ずっと教育効果が高い**と思います。

まとめ

今年やったことを、来年も同じ日に行う。

「変わらないもの」から考えれば、スケジュールはすぐに決まる。

「4週1サイクル」でスケジュールを考える。

各予定には「担当者」を決める。
今年の担当者の「次の序列の社員」が来年度の担当になる。

「人に仕事をつける」のではなく「仕事に人をつける」。

幹部社員は「人を育てない」のが当たり前。

第6章

「経営計画発表会の開催」を決定する

1 「社内ではなくホテルで行う」ことを決定する

「経営計画発表会」は「魂」を入れる儀式

「仏《ほとけ》つくって魂入れず」ということわざがあります。物事をほとんど仕上げておきながら、「肝心な最後の仕上げが抜け落ちてしまっている」ことをたとえています。

このことわざのとおり、方針や数字を明記した経営計画書が「仏」であるならば、その中に「魂」を入れずして経営計画書は完成しません。経営計画書は、魂が入ってはじめて、立派な会社をつくるための道具になります。

経営計画書を作成した社長は、社員、金融機関、来賓の前で、自分の言葉で方針や数

字について解説する（＝魂を吹き込む）儀式を執り行います。この儀式が**「経営計画発表会」**です。

ホテルで行うのは、社員の意識を変えるため

経営計画発表会は、社屋内で行わずに、ホテルやホール、公民館などを借りて行います。なぜなら、**場所が変わらなければ、社員の意識も変わらない**からです。

せっかくなら、地域ナンバーワンのホテルを借りると演出効果が高いと思いますが、そこまでせず、公民館を借りる場合でも、パーティー料理を手配したり、机にテーブルクロスをかけるだけで厳粛な雰囲気を演出できます。

そして、身だしなみも整えましょう。「茨城県大同青果株式会社」の鈴木敏二郎社長は、スーツを持っていない社員に、スーツを新調させたそうです。普段、スーツを着る機会が少ない社員は、ネクタイをしめるだけでも気持ちが引き締まるでしょう。

第1部は厳粛に行い、第2部はハジける

経営計画発表会は、第1部と第2部に分けて行います。

第1部は、おもに経営計画の発表（方針と数字）が中心。魂を入れる儀式ですから、厳粛に、厳かに、緊張感を持って執り行います。社員の席順は、当日に配付される経営計画書に記載された配付先一覧の序列に従い、職責上位が前に座ります（当日まで、自分が何番か、分からないようにしています）。

私は、何千人の前で講演をしても、緊張することはありません。けれどそんな私が、1年に1度だけ緊張する時間があります。それは、第1部の「来賓紹介」のときです。ご来賓の方のお名前を呼び間違えるわけにはいきません。その思いが、私を緊張させる。

「経営計画発表会」の開催を決定する

「経営計画書」をつくった社長が、社員、金融機関、来賓の前で、「自分の声と自分の言葉」で「方針」や「数字」について解説する

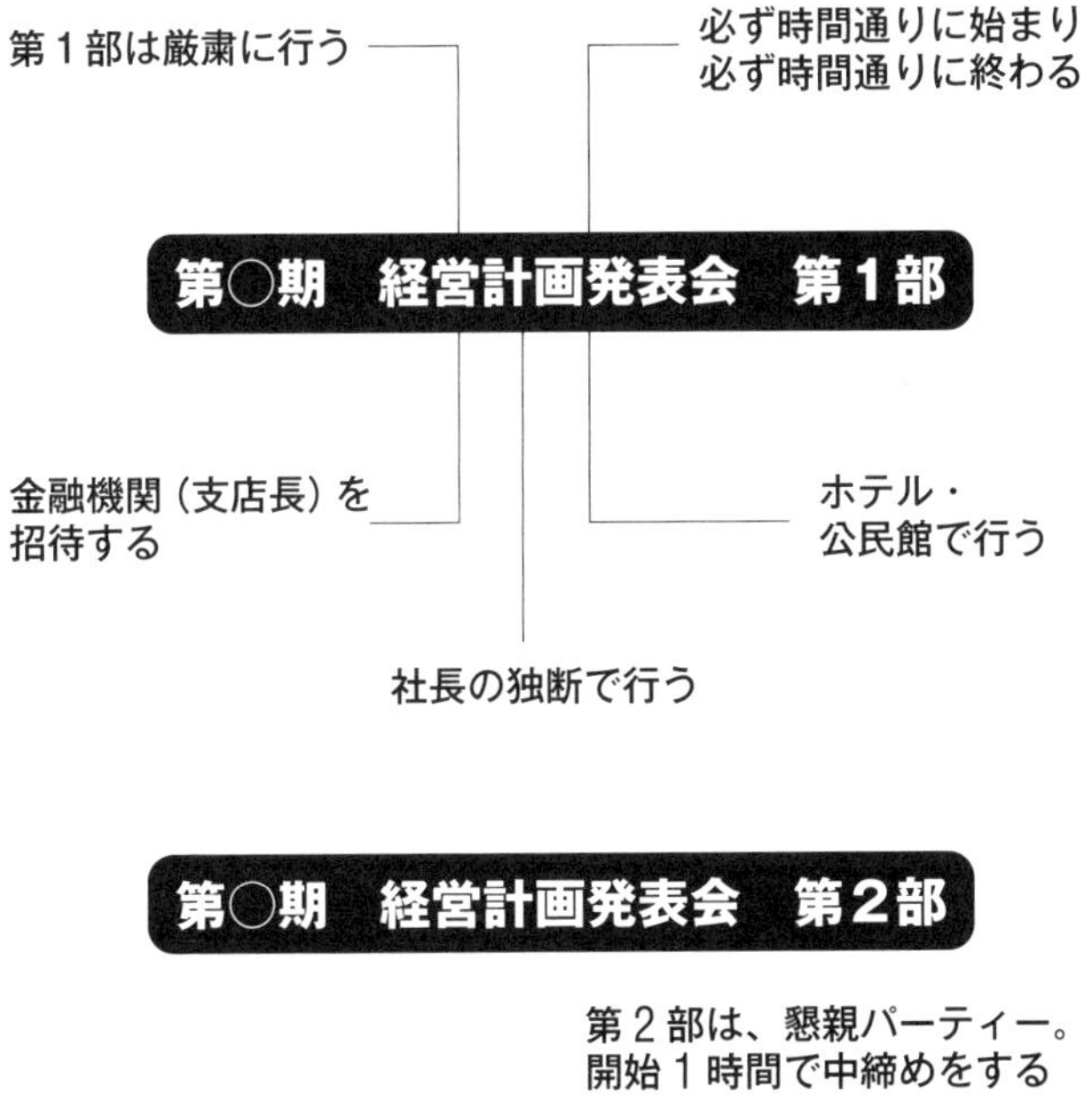

第2部は、懇親パーティーです。仮装して踊ったり、早食い競争をしたりして、第1部とはうって変わってはしゃぎます。

第2部は、「1時間経《た》ったら中締め」で、ご来賓の方に最後までお付き合いいただく必要はありません。

「1時間で帰れる」と分かっているから、忙しい支店長にも参加していただける。

【経営計画発表会式次第　第1部の構成（株式会社武蔵野の場合）】

一　経営理念唱和
一　開会宣言
一　来賓紹介
一　社長賞表彰
一　優秀社員賞表彰
一　経営計画発表
一　幹部決意表明

一　閉会宣言
一　ダスキン経営理念唱和

はじめて経営計画発表会を開催するときの注意点

経営サポートパートナー会員に対して、経営計画発表会の開催の仕方をサポートしています。会場の下見、打合わせから同席し、前日の準備から行っています。ポイントは、次の「5つ」です。

①経営計画発表会の「目的」を社長と幹部社員に教える

経営計画書が仏であるなら、その中に魂を入れずして経営計画書は完成しません。また、経営計画発表会は、金融機関に社長と社員の姿勢を示す場です（融資につながる）。

②「経営計画発表会をはじめて開いた会社」のビデオを教材にする

武蔵野の経営計画発表会はレベルが高いので、いきなり真似することはできません。そこで、「経営計画発表会をはじめて開いた会社」の動画（経営計画発表会の様子）を教材にしています。

はじめての経営計画発表会は、どうしても段取りが悪くなります。ですが、「つたない様子」をお見せすることで、「最初から完璧にできなくてもいい」「少々段取りが悪くても、開催することが大事である」「このレベルでいいのなら、うちの会社でもできる」ことを分かっていただけます。

③発表会の時間は1時間以内（社長が発表する時間は30分以内）

解説が長いとお説教になり、場をしらけさせます。これから経営計画発表会を開いてみようと思っている社長や、人前で話すことに慣れていない社長は、発表する時間を「30分以内に留《とど》めたほうが無難です（発表会の時間は1時間以内）。

④会場の選び方もサポートする

「第1部は厳粛に、第2部は思いきりはしゃぐ」ので、第1部と第2部のギャップを明確に見せるための場づくりが必要です（会場を2つ用意していただく）。

⑤リハーサルを繰り返す

経営計画発表会当日は、午前中に約3時間、みっちりリハーサルをします。

現場でのサポートは丹智之部長と上岡佳之部長が中心となって手取り足取りお手伝いをしています。

2 「発表会のマニュアルをつくる」こと を決定する

誰でもできるように、注意事項を細かく明記

武蔵野の社員は、経営計画発表会の大会準備委員長や司会の大役を任されても、うろたえません。なぜなら、「仕事に人がついている」からです。

式次第がマニュアル化されており、半年前からの準備と、当日のタイムスケジュール（分単位）が細かく決められています。

司会者の台本には、ト書き（セリフ）まで書いてあるので、司会者は台本を読めばいいだけ。これまで、スピーチの内容を前回と変えた司会者はひとりもいませんでした。

経営計画発表会当日のタイムスケジュール

09:00	オリエンテーション
	車輌荷物搬入
09:15	2部メンバーリハーサル
	会場準備
	音声準備開始
	受付設営
09:30	1部リハーサル
11:45	2部の並び方練習
	替歌リハーサル
12:00	昼食
12:30	経営計画書
	経営計画資料をならべる
	2部リハーサル(13:30まで)
13:00	受付開始(来賓)
	受付開始サポート
13:55	来賓誘導
14:00	開会
	経営理念・七精神
14:04	開会宣言
14:06	来賓の紹介
14:10	表彰式
14:15	経営計画発表
14:50	幹部決意表明
14:53	閉会宣言
14:55	ダスキン経営理念
14:58	来賓誘導
15:00	感想文/休憩
	1部後片付け
	投票用紙回収
15:20	社員、サポート会員集合
15:25	お客様入場
15:30	2部開始
15:35	来賓挨拶
15:40	乾杯のご発声
15:45	祝電のご紹介
	旅行券100回帳配布
	食事歓談
15:55	オッズ発表
16:00	ゲーム
	早食いリレーゲーム
16:30	中締め
16:35	来賓見送り
16:40	サポート会員退場
	3次会
	立食歓談
17:20	閉会の言葉
17:30	後片付け、搬出

もちろん、数字と固有名詞は変えなければいけませんが、それさえ「数字と固有名詞は入れ換えること」と注意事項に明記しているため、間違えることはありません。

フロアガイドのつくり方、写真撮影の枚数、撮影のタイミング、サインペンの数、パーティーグッズの選び方、撤収の仕方まで細かくマニュアル化しています。「車両担当者は、フロントで割引券をもらうこと」という指示まで書いてあるのですから、誰が担当になっても、それなりに運営できるしくみです。

発表会終了後、担当者が集まって改善点を洗い出し、翌年、マニュアルを修正します。こうすることで、マニュアルの精度が高まっていきます。

3 「発表会のダイヤをつくる」こと を決定する

必ず時間どおりに始まり、必ず時間どおりに終わる

武蔵野の経営計画発表会の会場となる「京王プラザホテル」には、「本日は、『武蔵野時間』でやります」とあらかじめスタッフに伝えています。

武蔵野のイベントは、「必ず時間どおりに始まり、必ず時間どおりに終わる」。これをホテルの人たちは**「武蔵野時間」**と呼んでいます。「武蔵野時間」は、「時間がおす」ことは絶対にありません。

第1部において、方針を発表する時間が、午後2時20分から午後4時までとします。私

は経営計画発表会の前に自宅で**リハーサルを行い、実際に声を出して経営計画書を読みながら、目次のコピーに、「その方針を読むのに何分かかったか」「この方針を読み終えたときの通過時間は、何時何分か」を書き込んでいきます。**列車さながらに「上りと下りのダイヤ」をつくっている（目で読むのと、声を出して読むのとでは時間が違います。本番と同じように声を出すのがポイントです）。

そして本番では、ダイヤを見ながら、「遅れているのか、進んでいるのか」を確認します。

経営計画書には、昨年とは異なる箇所に「蛍光ペン」でマークしておく。そうすれば、「時間が足りなくなったときに、どこを読み飛ばすか」が決まります。時間が足りなければ、変更点を中心に発表すればいい。

私は、経営計画書に記載されている方針を読むだけで、解説することはほとんどありません。なぜなら、解説が長いとお説教になるからです（社員には、後日勉強会を設けて、方針の解説をしています)。

また、社員からの質問も一切受け付けません。経営計画発表会は、社長の独断で行うのが正しい。

質問を許すと、頭のいい社員は、「社長が回答に窮するような質問」をする。社長が答えられないと、それだけで場がしらけてしまいます。

経営計画発表会は社長の独壇場です。社員に発表させないのは、銀行は社員にお金を貸さない。担保を取れない。社長にお金を貸す。利益責任は社長一人です。

4 「銀行の支店長を招待する」こと を決定する

「経営計画発表会」が「融資の判断材料」となる

経営計画発表会には金融機関の方々（支店長クラス）も招待します。

社長が銀行を訪問して、支店長と話せる時間はどれくらいありますか？　せいぜい数十分がいいところでしょう。

ところが経営計画発表会に来ていただければ、約3時間、支店長を拘束できます。普通の会社であれば、支店長を3時間拘束できるのは、たった1回。「自社の手形が不渡りになったとき」だけです。

「社員の姿勢」も融資の判断材料になる

1 社長の発表に真剣に耳を傾ける
「社員の姿勢」

2 全員で声を合わせて唱和する
「社員の姿勢」

3 一糸乱れぬ拍手をする
「社員の姿勢」

「この会社は信用できる！」と、
銀行の支店長に安心感を与える

支店長を招待する目的は、社長と社員の姿勢（＝武蔵野の定性情報）を知ってもらうためです。

社長は、銀行の支店長や担当者に嘘をつくことができます。けれど、社員の前で嘘をつく社長はひとりもいません。嘘をつけば、社員にすぐに見抜かれる。「社長、嘘言っているよ」と態度が変わります。したがって社長は、経営計画発表会で嘘をつけない。支店長に本当の「社長の姿勢」を見てもらうことができます。

また、社長の発表に真剣に耳を傾ける「社員の姿勢」、全員で声を合わせて唱和する「社員の姿勢」、一糸乱れぬ拍手をする「社員の姿勢」を体験することで、支店長は「この会社なら融資をしても安心だ」と確信する。

そして、**「社長の姿勢」と「社員の姿勢」を見ていただくことが、結果的には「融資の判断材料」になります。**

金融機関から融資を受ける際、なぜ担保が必要なのかといえば、「返してもらえる保証がないから」です。けれど、わが社には保証がある。

武蔵野が最大23億円も無担保で借りることができたのも、**「経営計画書」と「経営計画発表会」と「社員の姿勢」が担保の代わりになったから**です。

東京都の株式会社まきのの牧野昌克社長は、「経営計画書も経営計画発表会も小山社長の真似だけれど、真似しただけでうまくいっている」と話しています。

牧野社長が顧問契約を結ぶ税理士は、「経営計画発表会を公にしている会社は、2～3%ではないか。400社見てきたうち、10社もなかったと思う」と説明し、取引先銀行の担当者も同様に、「10社あるか、ないか」と話したそうです。経営計画発表会を開催する会社はまだまだ少ない。

でもだから、牧野社長は「金融機関の信用度が高くなった」と実感しています。

牧野社長は、続けます。

「銀行の対応だけでなく、もちろん、社員の意識も変わります。経営計画発表会を行うと、それだけで社員は『すげ～！』と思いますし、方針をバーンと発表したら、ビビビーって背筋が伸びますからね（笑）」

5

「経営計画書を銀行にも渡す」ことを決定する

定期的な報告こそ、銀行の信頼を得る最良のしくみ

経営計画書の事業年度計画には、銀行訪問の日程が明記されてあります。

私は、定期的に融資を受けている銀行を訪問しています。そして、わが社の現状（売上・経費・利益・今後の事業展開など）と、「借りたお金をどのように使ったのか」について、包み隠さずに報告しています。

多くの社長は、銀行からお金を借りても、「そのお金をどのように使ったのか」を報告しません。報告をしないから銀行は安心できない。安心できないから担保や保証を求め

ます。

お金を借りた人が、貸してくれた人の信用を得るには、お金の使い道をきちんと報告しなければなりません。

私は、20年以上前までは、毎月、銀行訪問していました。現在は取引銀行の数が多くなったため、「3カ月に一度、定期訪問」しています（3パターン／1日3行×3日間）。

銀行訪問は、回数が多いほど銀行から信用されます。なぜなら、回数が多くなるほど、社長は嘘がつけないからです。

年に1回だと、悪い報告をごまかすこともできますが、1カ月に一度、もしくは3カ月に一度のペースだと、嘘がつけない。だから銀行は安心します。**定期的な報告が、銀行の信頼を得る最良のしくみ**です。

銀行訪問時に実績を報告する

経営計画書は、金融機関にもお渡しします

私が銀行訪問をするときは、同行する社員が毎月の実績を読み上げ、銀行の担当者に、その数字を経営計画書に記入していただきます。

業績がいいときも、悪いときも、会社の情報をオープンにして「担当者に直接記入していただく」ことが大切です。

銀行の融資担当者が本店に稟議《りんぎ》を上げるとき、経営計画書のコピーは本店の審査部に渡ります。その際、稟議を上げた融資担当者が直接記入した経営計画書の数字のほうが自社で作成したエクセルデータよりも、審査部から信用されやすい。

行員を「融資したい」という気持ちにする

経営計画書には「支払利子年計表」が掲載されています。この年計表を見ると、武蔵野が年間でいくら利子を払っているか、が分かります。第55期は、2720万円。中小企業としては、大きな額ではないでしょうか。

この数字を見た銀行の担当者はどう思うでしょう？

「独り占めしたい」と思います。


では、独り占めするにはどうしたらいいのでしょう？

「融資する」しかありません。


融資をして武蔵野のメイン銀行になれば、社員の給与振込口座も移ります。

社員は、給与振込口座から公共料金などを引き落とすため、銀行には多額の手数料が入る。住宅の購入を考えている社員は、給与振込口座のある銀行にローンの相談をする。

武蔵野のメイン銀行になれば、その銀行の成績も上がる。


経営計画書は、銀行からの融資を引き出すための道具でもあります。

まとめ

「経営計画発表会」を開催し、社長の言葉で方針を発表する。

「経営計画発表会」は、社内で行わず、ホテルや公民館で行う。

「経営計画発表会」には金融機関（支店長）を招待する。
経営計画書は金融機関にも渡す

「経営計画発表会」の式次第はマニュアル化しておく。

「経営計画発表会」「社員の姿勢」
そして経営計画書が担保の代わりになる。

■著者紹介

小山 昇（こやま のぼる）

1948年山梨県生まれ。東京経済大学を卒業し、日本サービスマーチャンダイザー株式会社（現在の株式会社武蔵野）に入社。一時期、独立して自身の会社を経営していたが、1987年に株式会社武蔵野に復帰。1989年より社長に就任して現在に至る。2001年から中小企業の経営者を対象とした経営コンサルティング「経営サポート事業」を展開。700社以上の会員企業へ、「実践経営塾」「実践幹部塾」など、全国各地で年間240回以上の講演・セミナーを開いている。

2001年度「経済産業大臣賞」、2004年度、経済産業省が推進する「IT経営百選最優秀賞」をそれぞれ受賞。2000年、2010年には「日本経営品質賞」を受賞している。

主な著書に『99％の社長が知らない 会社の数字の使い方』『会社を絶対潰さない 組織の強化書』『儲かる社長の超・決断力』（以上、KADOKAWA）、『１％の社長しか知らない銀行とお金の話』（あさ出版）などがある。

新版《しんぱん》　経営計画《けいえいけいかく》は1冊《さつ》の手帳《てちょう》にまとめなさい

2019年 9 月28日　初版発行
2024年11月25日　 8 版発行

著者／小山《こやま》 昇《のぼる》

発行者／山下 直久

発行／株式会社KADOKAWA
〒102-8177　東京都千代田区富士見2-13-3
電話 0570-002-301（ナビダイヤル）

印刷所／文唱堂印刷株式会社

●お問い合わせ
https://www.kadokawa.co.jp/（「お問い合わせ」へお進みください）
※内容によっては、お答えできない場合があります。
※サポートは日本国内のみとさせていただきます。
※Japanese text only

定価はカバーに表示してあります。

ISBN 978-4-04-604288-0　C0034